問いかけの極意

顧客のニーズや
部下のモチベーションを
引き出す質問力

吉田聖美 著

セルバ出版

はじめに

「私は20年以上、マーケティング・リサーチ業界でモデレーターという職業に従事してきました」と言うと、大体の方が首をひねってしまうくらい、この業界や職種になじみがないのでは、と思います。おそらく日本にこの職業だけで生計を立てている人は100人もいないのではないでしょうか。

商品やサービスを開発する場合、メーカーは消費者がそのカテゴリーの商品やサービスをどのように選択・購入・使用しているかを調べたり、メーカーが現状で考えている商品やサービスが消費者にどのように受け止められるのかを調べたりします。

調べ方として数字で実態や受容性を計るアンケート調査（定量調査）と、消費者が発した生の言葉や反応から分析を進めるインタビュー調査（定性調査）があるのですが、私は定性調査で実際に消費者の方にヒアリングをする役割を担ってきました。

年間で500名ほどにヒアリングをするので、20年以上ということは1万人を超える方にヒアリングをしてきたことになります。取り上げる商品やサービスのターゲットによってヒアリングをする相手も変わるので、年齢幅も小学生から70代の方まで様々です。グループインタビューといって4～6名の方に集まっていただきヒアリングをすることもありますし、1対1でインタビューをすることもあります。

本書は、マーケティング・リサーチの本ではありません。「質問の力」に着目して書いた本です。コミュニケーションスキルやファシリテーションスキルの領域が近いかもしれません。

私が20年以上行ってきたのは、マーケティング・リサーチのためのインタビューではありますが、その中で獲得してきた「相手に警戒されずに話をしてもらうためにはどうすればよいか」「なかなか口を開いてくれない相手から情報を引き出すためにはどうしたらよいか」「相手が本当に求めていることを探るにはどうすればよいか」などの観点は、営業や人材育成などビジネスの幅広いシーンで使えるものだと思っています。

「質問力で相手のニーズを引き出す」という研修プログラムをつくり、研修講師としての仕事を始めたのもそういった動機からです。研修講師としては、演習を多く用いたプログラムを提供しているので、参加者の皆様から挙がった声を大事にしていますが、本書では私が考える「質問力」についてまとめています。

まとめ始めると、これまで経験してきたマーケティング・リサーチだけでなく、心理学のNLP（神経言語プログラミング）や研修講師として学んだ学習理論、NPOで学び学習会を開催してきたファシリテーションなど、様々な要素が質問という幹に絡み合っていることを感じています。

マーケティング・リサーチの業界に長くいましたが、NLPやファシリテーションを学んだり、研修講師にチャレンジしたりと試行錯誤してきたことがこの1冊に詰まっています。

研修の中では、最初に「よい質問」を使いたい自分の現場について考えてもらうワークがあります。

「質問」は奥が深く、相手や状況によっても「よい質問」は変わってきます。

本書でも、「クライアントや顧客」「部下」と異なる相手を想定し、1対1の場面だけでなく、複数の人に対しての質問（ファシリテーション）を取り上げています。「よい質問」について、読者の皆様もご自分の使いたい場面を想定しながら、本書を読み進めてみてください。

「私は質問上手です」と言い切れるほど自信がないのですが、もし私が質問上手だとしたら、「天然」の質問上手な人ではなく、長年の経験の中で培われてきた「養殖」質問上手だと思っています。多くの方に質問をする機会に恵まれてきた分、私の体験が読者の皆様にとって何らかのヒントになれば幸いです。

２０２３年12月

吉田　聖美

問いかけの極意　顧客のニーズや部下のモチベーションを引き出す質問力　目次

第3章　質問の基本型を知る

第4章　質問で相手との関係性をつくる

第5章　相手のニーズを引き出す質問力

第6章　部下のモチベーションを引き出す質問力

第7章　ヒアリングに臨む前の事前準備

第8章　チームに向けての「質問力」～ファシリテーション

あとがき

第1章

なぜ質問力が重要なのか

1　これからの時代に必要な「質問力」

VUCAの時代＝質問力が重視される時代

ＶＵＣＡは、不確実性（Volatility）、不安定性（Uncertainty）、複雑性（Complexity）、曖昧性（Ambiguity）の頭文字を取った用語で、現代社会やビジネス環境を表す言葉です。このような環境では、変化が速くて予測が難しく、状況が複雑であるため、従来のルールや予測が通用しづらくなります。

今の時代、変動性が高く、不確実で複雑・曖昧さを含んでいることについては、実感がある方も多いのではないでしょうか。

20年間以上マーケティング・リサーチの現場に携わり、メーカーが新しい商品やサービスを生み出すために試行錯誤する姿を見てきました。20年前と比べると「これが欲しい」という消費者のニーズの移り変わりは速くなり、また細分化しています。以前は40代の主婦であれば、子どもが何歳くらいで、こういうものが生活を便利にするために欲しいと思っている、というのがわかりやすかったのですが、今は同じ年齢でも同じ属性でも欲しいと感じているものは様々です。それどころか、明確に欲しいものはすでに手に入れているか、または欲しいものは存在しておらず何が欲しいのかきかれても困るという人が多いのが現状です。

このようなＶＵＣＡの時代において、質問力が重視される理由はいくつかあります。

本質的な情報を選択し、多角的な視点から新しいアイデアを導く

ＶＵＣＡの状況では、情報が急速に変化します。利用可能な情報はあふれるほどあり、これからの社会ではそのときに適切な情報や本質的な情報を取捨選択する能力が求められます。将来ＡＩが職業を奪うのではないかとの話もありますが、どういった情報を選択し、それをどう活かしていくのかはしばらくの間は人が関わるはずです。

「適切な情報は何か」「本質的な情報は何か」「その情報をどう活かしていけばいいか」その答えを見つけ出していくときに必要なことこそ、人同士の話し合いであり、質問です。適切な質問をしながら、お互いが持っている情報を共有することで、膨大な情報の中から自分たちにとって必要なものを整理し、お互いにとって重要な部分を見極めていくことができます。

インターネットで情報を検索するにも、ChatGPTを活用するにも質問は必要です。適切な質問をしないとChatGPTから適切な回答は返ってきません。ChatGPTの登場により、質問する機会が増えた方も多いのかもしれません。

複雑な問題や状況に対処する本質的な情報にたどり着くためには、問題を表面的に見るのではなく、質問によって問題を更に掘り下げ、異なる視点や要因を手に入れていくことが必要です。トヨタ自動車で生み出されたなぜなぜ分析は、なぜという問いかけを５回繰り返すことで根本的な原因

を探るフレームワークです。「なぜ問題が起きたのか」「それはなぜか」と何度も掘り下げることで、真の要因を見つけ出し、効果的な解決策や再発防止策の策定へと導くことを狙っています。こういった手法が使われているのも、表面的な分析・解釈だけでは立ち行かない世の中の象徴だと思います。

問題解決を図るだけでなく、新しいアイデアやアプローチを生み出すためにも質問が使われます。

新しいアイデアを生み出すためには、疑問を投げかけ、探求する姿勢が必要です。人は質問されると考えます。考えなさいといわれるよりも、質問をすることが相手を考えさせるためには効果的です。質問は創造的な思考を刺激し、新たな視点をもたらします。

インターネットやSNSの存在により、企業のプロモーションにおいても双方向のやり取りが当たり前になってきています。顧客の声が新しい商品やサービスにつながることもあり、アイデア開発のうえで質問の存在は欠かせませんし、双方向のやり取りを軽視していると顧客満足度の低下にもつながりかねません。

継続的な学習や周りとの関わりを通じてリーダーシップを発揮する

変動する環境では、継続的な学習と適応が必要です。自分で体験したり、書籍を読んだりすることも学習には必要ですが、質問することで、周りから新しい情報やアイデアを得ることができます。

自分が見えている世界は狭く、自分1人の体験や学習では限界があります。学習や成長に、周りの人の経験や学習を自分の参考にしていくことや、人と協働で問題に取り組み、自分1人では解決できない課題を乗り越えていくことも重要になります。

あなたは今、組織の中でどういうポジションにいるでしょうか。上司がいる？　部下がいる？

上司に対しては、報告・連絡・相談という過程で質問が必要ですし、部下に対しても質問は必要です。サーバント型リーダーシップという考え方があります。リーダーが指示し自分についてこいというのではなく、まずは部下に奉仕しその後にチームを先導するリーダーシップのことです。リーダーが指示を出して部下を動かすのではなく、部下の主体性を尊重してそれぞれの目標達成を支援します。

ビジネスが分野横断的になって課題が複合化されてきたり、激しい変化の中で求められる知識やスキルが流動的になったりしてくると、リーダー１人の力では課題に対処しきれません。集団を支援し、集団の力を活かしていくリーダーが求められます。集団を支援し、集団の力を活かしていくには、集団に対し質問を投げかけていくことが不可欠です。よいリーダーは部下やチームメンバーに適切な質問を投げかけ、他者の考えや視点を尊重します。そこに共感や協力が生まれ、影響力を持つことができます。

質問力はこれからの基礎力

経済産業省は12の要素からなる３つの能力で社会人基礎力を定義しています。その能力とは「前に踏み出す力（主体性・働きかけ力・実行力）」「考え抜く力（課題発見力・計画力・創造力）」「チームで働く力（発信力・傾聴力・柔軟性・状況把握力・規律性・ストレスコントロール力）」です。

働きかけるには質問や対話が必要だし、考え抜くにも自分との対話つまり自問自答という意味での質問が不可欠だし、チームで働くにはもちろん周りに対して質問したり周りを受け入れたりすることが必要で、どの力においても質問は重要な要素です。

ＶＵＣＡの時代には、事実や情報を受け入れるだけでなく、それらに疑問を投げかけ探求する姿勢が重要です。「この資料つくっておいて」と言われたときに、「はい」というだけでなく、「つくる目的は何ですか？」などと確認し、納得したうえで言われたことに加えて目的達成のためには更にこうしたほうがよいという提案ができるか。

質問力を磨くことは、不確かな状況にも対応しやすくなり、よりよい判断や解決策を見つけることができる近道です。

2　「質問力」が必要な場面

日常生活の場面での質問

朝起きてから夜寝るまで、人は何回質問をしているでしょうか。

今この問いに対して何回だろうと考えていただいたとしたら、それも1回の質問と数えます。

一説によると、人は1日に最大3万5000回の決断をしているのだそうです。その決断の1つひとつに1個以上の自問自答が含まれているのだとしたら、１日にしている質問の数も相当なものです。

日常の場面での質問は、特に回答の精度を求めない挨拶や世間話から答えを期待する質問までいろいろな質問があります。「こんにちは、最近どうですか？」といった挨拶や世間話はそこで会話が交わることが目的です。「今日の午後空いている？」「近くにコンビニはありますか？」「おすすめのメニューは何ですか？」「駅までの行き方を教えてください」などは答えを期待している質問です。「わかった？」「どう思う？」など確認や意見を求める質問もあります。

ビジネスの場面での質問

ビジネスの場面は更に質問の連続といえます。

社内では、「今このジョブどうなっている？」などタスクの進捗状況を尋ねる質問があります。「社内手続や技術的な問題についてどうすればよい？」ときく質問もあります。会議では「現状の問題点は何？」ときいたり、「どのように進めることが望ましいか意見をきかせて欲しい」といったり、質問の連続です。「何か質問はありますか？」と質問を求める質問もあります。質問をしなければ業務が進まないともいえます。

社外の相手への質問もあります。プレゼンテーションの終わりに「質問はありますか？」「どのように感じられましたか？」ときく場面や、打合せの際に質問する場面もあります。

営業部署のみならず人事の部署であれば、人材採用会社や面接に応募してきた人に質問する機会もあるでしょう。

1時間のリサーチ・インタビューでは100回質問をしている

60分の1対1のインタビューのうち最初の30分間、インタビュー参加者の普段の生活をお伺いし、飲み物の飲用実態を確認するところまでで、インタビュアーである私が実際に質問した数を数えてみました。参加者の「子どもが4歳」という回答を受けて「お子さんは幼稚園?」の短い質問まで1つの質問として入れると53個。1時間のインタビューでは、100回程度の質問をしている計算になります。今まで数えたことがなかったのですが、実際に数えてみると想定以上に多いという印象を受けました。

【普段の生活を聴取(抜粋)】

・同居のご家族を教えてください
・お子さんは幼稚園?
・お仕事は?
・勤務形態は?
・家での作業はありますか?

・休日は何をして過ごしていることが多いですか？
・今のご自分の生活の満足度を１００点満点でいうと？
・ストレス解消のために何かやっていることはありますか？
・普段の生活の中で大切にしていること・心がけていることってあったりしますか？
・こういう自分でいたいと思っていることはありますか？　周りからこう見られる自分でいたいなとか。
・憧れる理想の生活は？

【飲み物の飲用実態（抜粋）】

・どれくらいの頻度で飲んでますか？
・飲む場面とは？
・飲む種類は？
・飲みわけは？
・飲んでいるときの気分は？
・何を求めて飲んでいますか？　飲むことでどんな気分になれますか？
・選ぶ銘柄はいつも決まっていますか？
・どのあたりのものが多いんですか？

3 「質問力」が高まることのよさ

コミュニケーションの密度を上げるのが「質問力」

心理学にアメリカの心理学者ロバート・ザイオンスが発表した「ザイオンス効果」というものがあります。人は同じ人やモノに接する機会が増えるほど、その対象に対して好印象を持ちやすくなる効果のことです。単純接触効果と表現されることもあります。

近くの席になった人と仲よくなった、同じサークルや部署の人と親しくなったなどはこのザイオンス効果です。マーケティングでターゲットとの接点をより多く持ち、目に触れる機会を増やす、訪問営業で頻繁に顔を出すといったこともこのザイオンス効果を狙ってのものです。ザイオンス効果は、接触の量に着目したものですが、これまでの自分の経験を振り返ると、接触の質も大切ですよね。印象があまりよくない接触を繰り返すとよい展開につながる可能性は低くなります。

そこで質問の出番です。質問は発表や伝達とは違い双方向のやり取りです。相手が打ち返してくることを想定しなければ質問として成り立ちません。同じ5分間でも片方が一方的に話すよりは質問を交えて双方向のやり取りがあったほうが接触の密度は高まります。一方通行の線よりも、話が行きかうことで面になっていくイメージです。人は基本的には話したがりの生き物です。

自分の話をきいてくれる人に対してはその人へ話すことで、自分のやりたいことが叶うというようなよい印象を持ちます。

質問される＝自分の意見を大事にしてもらえていると感じる

マーケティング・リサーチ・インタビューの定石の質問として「もっときかせて」というものがあります。

自分が話をしているときにこんな話をして役に立つのかなと疑問を感じたり、不安になったりすることはありませんか。

そんなときに相手が「もっときかせて」と言ってくれたらどうでしょう。「興味持ってくれているんだ」、「この話続けていいんだ」という気持ちになりませんか。自分に興味がない話題のときは質問が浮かばず、この話早く終わらないかなと思っているときもあるかもしれません。逆にいうと、質問をするということは、「相手の話に興味を持っていますよ」というのを示す一番手っ取り早い方法なのです。

あなたの話に興味を持って質問をするという行為は、

【図表１　マズローの欲求５段階説】

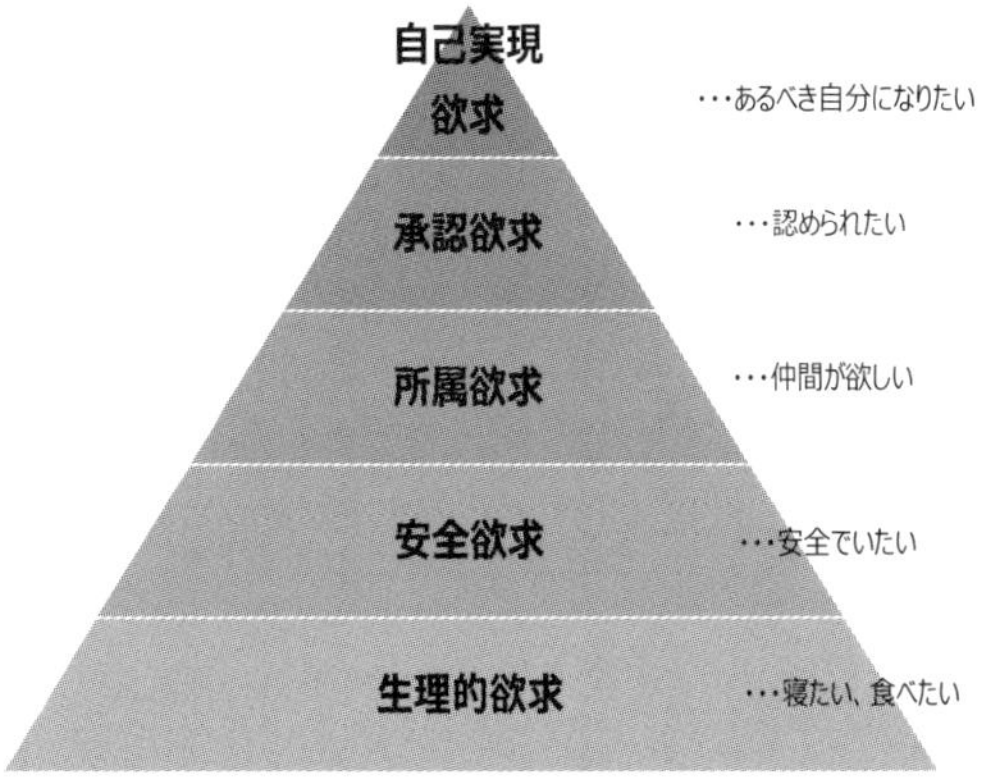

あなたの話を大切にしている、つまりは「あなた自身に興味を持っていますよ」というメッセージにもつながります。

人から大切にしてもらえていると感じることは、承認欲求を高め、自己肯定感を高めることにもなります。マズローの5段階の欲求（図表1）で上位にある、社会的欲求や承認欲求を高めてくれる存在だと認識されることは、相手にとってのあなたの存在価値を高めることになります。

質問する＝相手を理解しようと努めている

質問は知りたい気持ちの表れであり、相手を理解しよう・理解したいという気持ちがないと質問の視点を見つけることは困難です。初対面の場合も、この人と仲よくなりたいと思っていればその人のことを知りたいと思っていろいろな質問を投げかけてみたくなりますし、逆にこの場限りの関係だと思っていれば無難な話に終始してすぐに話を切り上げるでしょう。「この人に何を届けたら喜んでくれるんだろう」そう考えることが商品開発であり、マーケティングであり、セールスです。

形から入るという言葉もあります。知りたいという気持ちからスタートしなくても、質問を考えるようにすると相手に自然と興味が湧き、相手のことを自然と考えるという面もあります。職場や周りにちょっと苦手だと思っている人はいますか。苦手意識がある人にこそ、機会を見つけて話しかけてみましょう。挨拶や雑談で大丈夫です。その流れで質問ができそうなタイミングがあれば「最近忙しいですか？」など軽い質問をしてみましょう。

ちょっと苦手だと思っている人に対してこそ、質問を考えてみると苦手意識が少し薄れるかもしれませんし、意外な共感ポイントが見つかるかもしれません。

4　自分のためにもなる「質問力」

質問力は学ぶ力にもつながる

変化が激しい時代には学び続けること、成長し続けることが求められます。ウォルト・ディズニーは「現状維持では後退するばかりである」という言葉を残していますが、その言葉が今ほど染み入る時代はないのではないでしょうか。

私の母は、私が小学生の頃、知らない言葉の意味をきくと、「ちょっと待ってね」といってすぐに辞書を引っ張り出してきてその言葉を調べて伝えてくれていました。この「疑問を持つ」「自分や人に質問する」「知識として習得する」の流れがまさに学習です。

余談ですが、そんな母に対していちいち調べて面倒くさいなぁと感じ、質問するのを控えていた時期もありました。親の心子知らずです。

現代は疑問を感じることがあったら、すぐに調べることができる、しかも膨大な情報の中から答えを探すことができるという調べることに長けた時代です。あとは疑問を感じる、質問を自分や相手に投げかけることができるアンテナがあるかどうかです。

自分に問いかける

なりたい自分、理想の自分像はありますか。成長は現状と理想を知り、そのギャップを意識することからスタートします。そのギャップを埋めるために消費行動が発生することも多いため、マーケティング・リサーチ・インタビューでは、理想の姿を問うことも度々あります。

近年インタビューをしていて、なりたい自分・理想の自分像を尋ねると、「理想像がない」「憧れる人も特にいない」という回答が返ってくるようになりました。理想を見出せない現実世代と見ることもできますが、ソーシャル・ネットワーキング・サービス（SNS）などでインプットもアウトプットも容易になり、情報を入れることや発信することに追われてしまって、自分の理想を考えたり、妄想したりする機会が減っていることも、理想像がなくなってきている要因として考えることができそうです。

将来の理想の自分を考えることは、自己成長や達成感を得るために重要です。なりたい自分について自分に問いかけてその像を描き、それに向かう道のりをまた自分に問いかける。成長に向かって効率的に進む手段の1つです。

受け止め方で結果は変わる

ABC理論というアルバート・エリスが1955年に提唱した理論があります（図表2）。出来事をA、認知をB、結果的に起こる感情をCとすると、Aの出来事がCの感情を引き起こすのではなく、Ｂの認知の仕方、受け止め方がＣの感情を決めているという理論です。Ａの出来事は同じでも、Ｂが変わるとＣは変わります。

「同じ上司に注意をされたという出来事（Ａ）」でも、上司に怒られた、嫌なことを言われたと捉えると、「上司なんて嫌いだ（Ｂ）」となりますし、上司が自分のためを思って、苦言を呈してくれたと捉えると、「この上司の元でもっと頑張ろう（Ｂ）」という気持ちになります。

Ｂの受け止め方は通常条件反射的に発生します。出てきたＣの感情がネガティブなものであった場合、Ｂを変えることでＣを変えることはできないでしょうか。それこそが「違った見方や受け止め方がないだろうか？」という自分への問いです。

自分への質問をすることで受け止め方のバリエーションを増やすことができれば、感情のコントロー

【図表２　ABC理論】

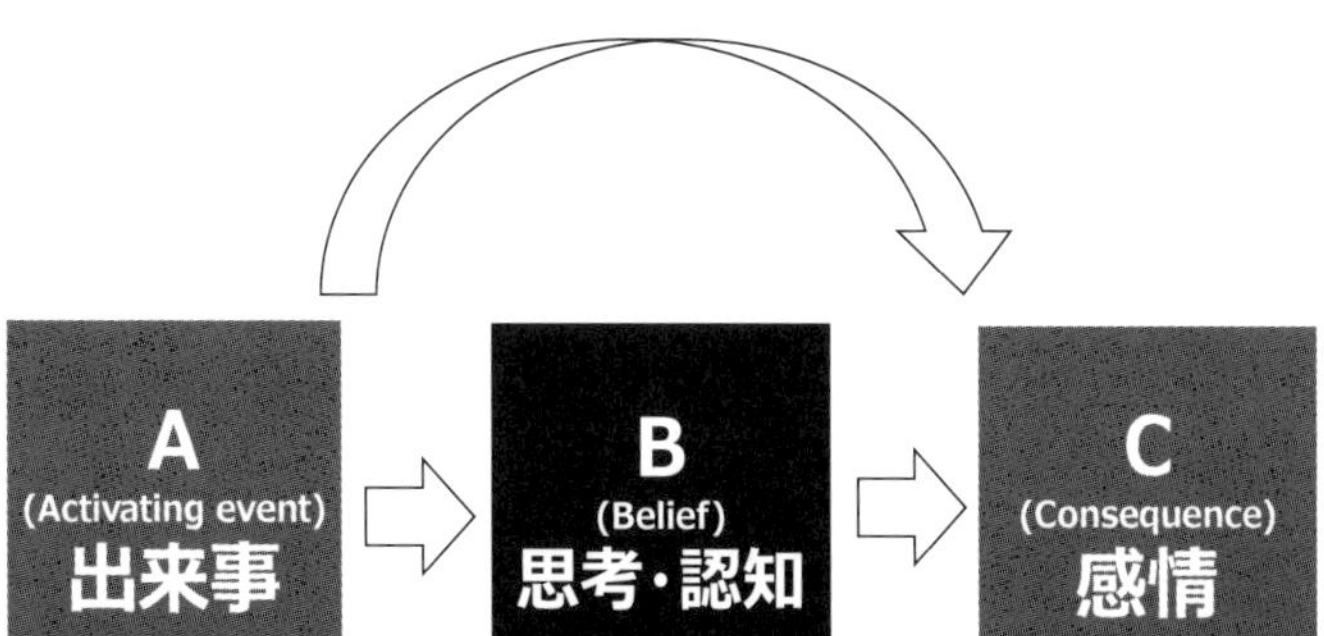

ルもできます。

同じ出来事が起こったとしても、できればそれを前向きに受け止めたり、気持ちが落ちすぎるのを防いだりしたくありませんか。自分のご機嫌を取ることも質問をうまく使えば可能なのです。

5 「質問力が高い人」の人物像

イメージすることの大切さ

質問力が高い人のイメージを考えてみました。先ほども述べましたが、人が成長するうえでは理想のイメージを持つことが大切だといわれます。皆さんも自分の周りの質問力が高い人を思い浮かべてください。1つの答えがあるわけではなく、質問力が高い人はどういう要素を持ち合わせているのか、その中で自分がマネできる要素はないのかを考えることが重要です。

知的好奇心があり、前向き

知的好奇心が旺盛で、情報を深く理解しようとすることは大切な要素です。私が知っている質問力が高い人は、好奇心が旺盛で、常に新しい情報や知識に興味を持ち、積極的に学ぼうとしています。学ぶ対象としている相手も広くたとえ年下であっても貪欲に質問をして知識を仕入れています。

イメージしてみてください。新しいことに挑戦していて、何かわからないことがあると周りの人に素直に尋ね、教えてくれたことに感謝をする姿、もちろん人によって受け取り方は様々ですが、私は素敵だなと思います。

質問力が高い人は、前向きな姿勢を持っています。「なぜ」と原因を追究する質問は問題解決の役に立ちます。問題解決のために物事を追究する姿勢は重要ですが、それだけでは質問されている方が疲れてしまう場合もあります。問題に気づいたときに、原因を追究するだけではなく、どうすれば前向きに乗り越えていけるかという姿勢を持っているほうが質問の幅は広がります。

深く考える能力も必要です。表面的な情報に留まらず、問題やテーマを深く理解しようとする姿勢が新たな質問を生み、それによって周りの人に気づきを与えます。

知的好奇心があるからこそ深く知りたくなり、知的好奇心があるからこそ前向きに考えられ、そして前向きであるからこそ深く追究することができます。この３つの関わりは重要です。

自分の考えを伝える能力・論理的思考がある

質問は大事ですが、質問ばかりして自分の意見をいわない人になってしまっては「この人何？」と疑われることになります。特にビジネスの打合せの場では、自分の考えも伝えたうえで質問を求める姿勢が当事者意識という意味でも求められます。明確な言葉で質問する能力同様、自分の意見を明確な言葉で伝える力も必要です。

そのために必要なスキルの１つが論理的思考です。論理的思考とは、ロジカルシンキングともいい、話している内容を結論と根拠に分けて、そのつながりや道筋から内容を理解する思考法です。

整理して話すと聞き手が話している内容を理解しやすくなり、内容が伝わりやすくなります。結論と根拠が理屈に合うと突飛な話ではなくなり、きいている人の頭の中での矛盾がなく、話の筋道が明確になります。逆に根拠が不明確であったり、理屈に合っていないと人は理解が進まなくなり、思考が止まってしまいます。問題を論理的に分析し、わかりやすく伝えていきます。

論理的な思考は、適切な質問を立てるときにも重要です。人は論理だけでは動かず、感情も必要です。ただ、感情だけで突っ走ることもビジネスの現場では少ないです。論理的に考えたうえでの質問は、相手との関係性を問わず受け入れられやすいですし、そうやって考えられた質問によって、この相手はちゃんときいてくれているという信頼感につながり、結果として相手との距離を縮めることになるのです。

相手の視点や感情・状況を理解し、尊重することができる

相手を尊重しているというのは、質問力や傾聴力、コミュニケーションにおけるすべての前提の考え方です。質問力が高い人は、相手の意見や経験を尊重し、意見交換を通じて学ぼうとします。

ＮＬＰ（神経言語プログラミング）の考え方の前提となっている要件の１つは「相手の世界観を尊重する」です。

普段の生活の中で、この人とはなぜ話が合わないんだろうと思うことはありませんか。この人と

は話が合わない・理解できないと切り捨てるのかまたは相手の視点や状況を理解しようとするのか、それによって相手との関わり方は変わります。話が合わないと思えば話をするのを止めますし、相手を理解しようと思えば相手に質問をします。相手の視点を理解しようとする姿勢は対話の質を向上させ相手が自分の考えや感情を尊重してくれると感じるため、よりよい対話が可能になることにもなります。

自分と同じ考えの人や自分と同じ感覚の人とだけ付き合っていたほうが精神的にラクなのは確かです。ただ、それだと安定はあっても新しい気づきや刺激はあまりありません。自分とは全然違う価値観や経験を持っている人と関わったからこそ、世界が広がったり、自分の思いがけない側面に気づいたりということもありうるのです。

また会社などの組織においては、「合わないなぁ」と思う人と一緒に活動しなければいけないシーンもあるかと思います。そのときも「合わないなぁ」と思いながらしぶしぶ付き合うよりは、「しっかり話をすることで気づく部分があるかも」と思いながら付き合ったほうが精神衛生上よいかもしれません。ただ、世の中にはあなたの世界観を尊重せず、むしろあなたの大事な世界観を壊しにくる人もいます。その場合は、深くかかわらないというのは一手です。

立ち止まらず学び続ける

質問のよいところは、身の回りの様々な情報が学びのヒントとなるところです。

テレビでのインタビュー、討論番組、バラエティ番組でのやり取りなど、芸能人の質問から学ぶところはあります。

会社や自分のコミュニティーの中でのやり取りを見ていても参考になるところはあるはずです。組織のメンバーや顧客に対しての周りの人の質問をチェックしてみましょう。質問に関する本はいろいろと出ています。研修やセミナーもあります。

「大切なのはどういった質問がよいのか」「どういった質問だと場を効果的に動かすことができるのか」「どういった質問だと相手との距離を縮めることができるのか」考え、探索し続けることです。

探求し続ける方法として、1日の終わりに「今日あったよかったことは？」など振り返りをしてから寝る、何か疑問を感じたときに「それってどういうこと？　教えて」とすぐにきくクセをつける、気になった記事や投稿について「本当に？」と疑ってみる、といったことが考えられます。

複数の視点を持つことができる

視点を変えることができるというのは質問力が高い人の1つのスキルです。

何か問題が起こったとき、「上司だったら・友人だったらどう対応するだろうか」と考えてみる。仕事の意味を問うときその仕事が会社にとってはどんな意味があるのか、お客様にとってはどんな意味があるのか考えてみる。現在の自分の問題を未来から見つめてみる。立場を変えたり、時間を変えたり、視野を広げることで気づくことはあります。複数の視野を持つことができれば、自分自身に視野を変えて問いかけることもできますし、相手の視野を広げる質問をすることもできます。
本書の中でも、第６章に視点・視野・視座に関する質問の例や、立場や時間を変える質問の例を紹介しています。

信じて待つが期待しない

質問する側の心構えとして、どんな人も意見や考えを持っていると信じることが重要です。ファシリテーションを学んでいるときに講師からいわれた言葉があります。植物の発芽促進剤をファシリテーションと呼ぶことがあるという事例で、誰もが意見の芽を持っていてその発芽を促進するのがファシリテーターだという話だったと記憶しています。

普段のコミュニケーション、質問においても、相手は何かしら考えや感情を持っていて、自分の問いかけの仕方によってはそれを伝えてくれると信じて待つことが求められます。「反応がない＝やる気がない」「考えていないと判断しきいても無駄だ」と決めつけるのは危険です。

相反するようですが、期待しないことも質問する側には求められます。相手のそのときの状況や気分によっては質問を返したくないときがあるかもしれません。意見がまとまっておらず、返したいけど返せないというときもあるでしょう。そのときに「なんで返してくれないの？」と憤るのではなく、「返せないときもあるよね」くらいの気持ちで捉えられると質問をすることのハードル自体が下がります。

この章のまとめ

①VUCAの時代こそ質問力が大事。
変化が激しい時代に新しいアイデアを出すためや、協働型のリーダーシップでチームをまとめていくために必要なのが質問力。日常生活の場でもビジネスの場でも使え、これからの基礎力として必要な力。

②質問力が高まると相手との関係性がよくなり、自分のためにもなる。
質問力はあなたのことを知りたい、大切にしていますというメッセージであり、コミュニケーションにおいて重要。相手のことを理解しようとして質問することが、相手との距離を縮める。

自問自答という質問力は自分の学びや、自分の受け取め方を変えることにもつながる。

③質問力が高い人をイメージすることが質問力を高める第一歩。
質問力が高い人のイメージはそれぞれにあるはず。あなたの周りにもメディアの中にもきっといる。そんな人をイメージして、そうなりたいと思い、日々質問力を磨いていこう。

第2章　質問力の前に「傾聴力」

1 「傾聴力」とは

傾聴の重要性

「傾聴」という言葉をきく機会が増えました。「傾聴」は、広辞苑で調べると「耳を傾けてきくこと。熱心にきくこと」と書かれています。「きく」を表す漢字にはいくつかあります。聞く、聴く、訊く、効く、…。「きく」で調べると広く一般には「聞」を使い、注意深く耳を傾ける場合に「聴」を使うとのこと。

日本国語大辞典で「聞く」は、「音を耳で感じ取る、自然に耳に入ってくる、聞いて知る」、「聴く」は、「聞こうとして聞く、注意してよく聞く」と書かれています。

熱心にきくの中には、相手を尊重する、相手に共感するなども含まれます。傾聴はコミュニケーションの基本的な要素であり、良好な人間関係や効果的なコミュニケーションを築くのに重要です。

なぜ傾聴が重要なのでしょう。傾聴してもらうと話をしている側はきいてもらえて嬉しくなります。マズローの5段階欲求にもありますが、自分の存在を認めてもらいたいというのは人の欲求の1つです。欲求を満たしてくれる相手は、その人にとって特別な人になります。話をきくだけで、相手の特別な人になれる可能性があるのです。

雑談やたわいもないおしゃべりは「聞く」の意味合いが強いかと思います。雑談や気軽なおしゃべりが相手との距離を縮める側面もあり、こちらの「聞く」も大切ですが、この章では「傾聴」「聴く」話を中心に進めていきます。

同感ではなく共感

傾聴するときに大切なことは、まず相手に興味を持ち、じっくり話をきこうとすることです。そのうえで、話に共感しましょう。ここで大切なのは、話に共感することは必要だが同感する必要はないということです。同感は、同じ考えを持つこと、同じように感じること。共感は、相手が体験する感情や心の状態、相手の主張などを、自分も同じように感じたり、理解したりすること。「私サッカーが好きなんだよ」と言われたときに「私もサッカーが好き」というのが同感です。共感とは、私は野球が好きなようにあなたはサッカーが好きなんだね、と好きなものや意見が違っても相手の気持ちを受け止めることです。

話をきくときには、どんな話であってもどんな相手であっても一旦受け止めます。会話がキャッチボールだとすると、投げられたボールは一度受け止めないと次に投げることはできません。「なるほどそんなことがあったんだね」「そういう風に考えるんだね」「そんなお考えをお持ちなんですね」「そういった状況におかれているんですね」と一度受け止め、相手の状況や感情を自分のことのように共感したうえで、次の会話に入っていきます。「相手に合わせなければ」「同感しなければ」と思い辛くなってしまったとき、「同感ではなく共感」と思えば、話をきくのが楽になりませんか。

信頼関係構築の第一歩

傾聴で相手の話を受容することは信頼関係構築の第一歩です。本書で伝えていきたいのは質問力ですが、信頼関係がない相手から質問をされても答えたくないかもしれません。同じ質問であっても、快く本当に思っていることを口にしてくれるのか、適当に濁されて終わるのかは、どうきくか以上に誰がきくかによるところが大きいのが現実です。

信頼関係を高めていくことはコミュニケーションにおいて大事なゴールであり、そのためには傾聴は欠かせない要素です。

2 「きちんときく」ためには準備が必要

きく環境を整える

職場の自分のデスクに座っているとき、「ちょっと相談があるのですが・・・」と後輩から話しかけられたとします。さて、どこで話をききますか。会議室を取り、静かで周りに人がいない環境で話をしたほうがよいのか、むしろ周りに人がいるデスクでオープンに話をしたほうがよいのか。

基本的には、話しかけられた側は相手の状況がわからないので、「相手に移動したほうがよいか、この場でよいのか」尋ねます。ただ逆の立場、例えば上司から「ちょっといい？」と声をかけられたときには尋ねにくいですよね。そのときには声をかけた上司が「この場で話をしたほうがよい内容なのか、場所を変えたほうがよい内容なのか」を考え、場所を提案するのがスムーズです。

一般的には、ほめるときはみんながいる場所で、注意するときには他の人がいない場でといわれます。自分だったらこの話をどこの場所でされたらよいかな、と自問自答したうえで場所を選択します。

席の配置も重要です。１対１で相手と話をしたいときにはどういった座り位置を選ぶでしょうか。

真正面に座ると対立しやすく緊張しやすく、横並びに座ると親しくなりやすいといわれています。

採用面接など評価をされるときは真正面に座ることが多いですよね。横並びは飲食店のカウンターを想像するとイメージがしやすいかと思います。

ただ、心理的な距離がある場合、いきなり横並びはちょっと抵抗を感じる可能性もあります。

おすすめは、相手と直角や斜めの位置で座ることです。斜めの位置関係の場合、真正面に座るほど緊

【図表３　座る位置とその関係性】

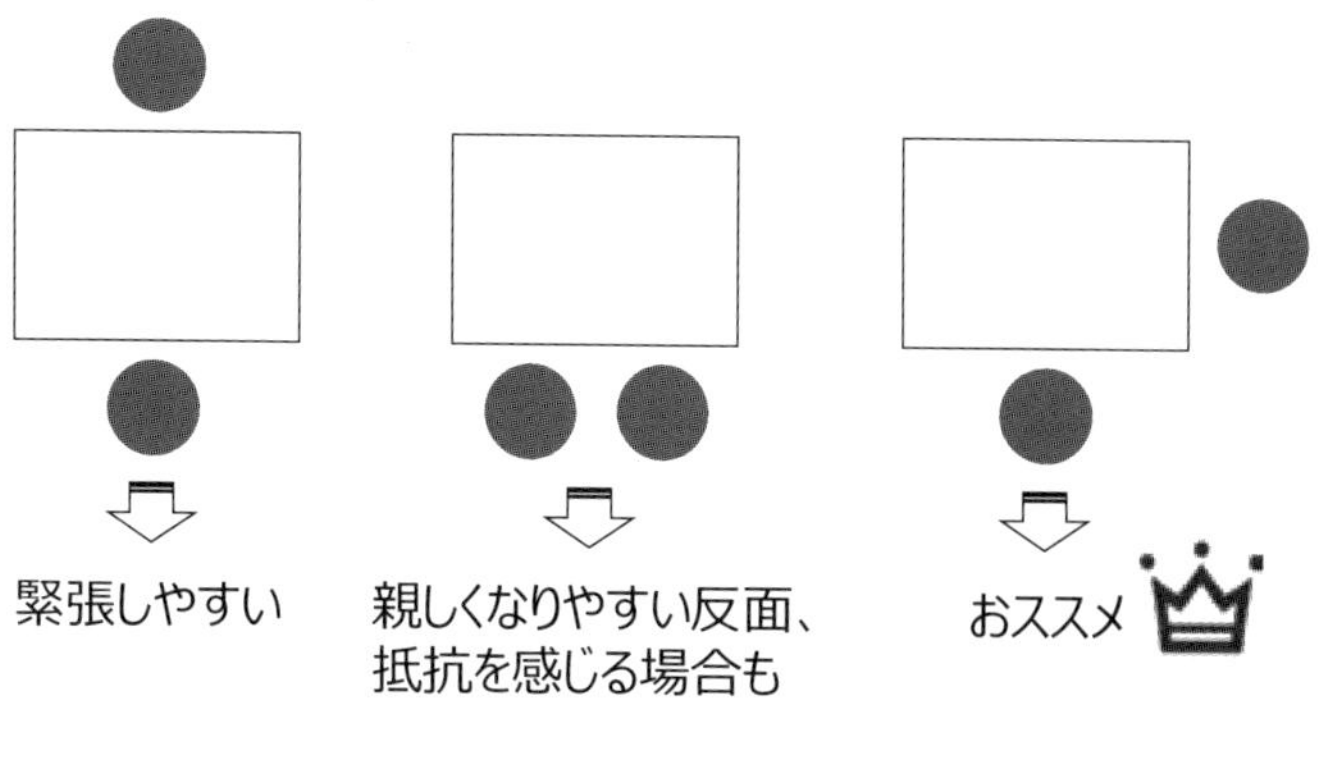

張感がなく、横並びに座るよりはパーソナルスペースが保つことができて落ち着くという効果があります（図表3）。机がなく、椅子だけの場合や立ったままで話をする場合も同様です。

きく体勢をつくる

話をきこうと思うときにはきく体勢をつくります。「相手のほうに体を向ける」「相手の目を見て話をきく」。そんな基本的なこと…と思ったかもしれませんが、「いつもできている！」と言い切れるでしょうか。

パソコンやスマートフォンの画面を見ながら応対する、話している人以外の人を気にしながら話をきくなどありませんか。

人の話をきくときに何かしながらきかないことは大切です。パソコンやスマートフォンの画面を見ながらという例を出しましたが、そういったわかりやすい「ながら」姿勢でなくても、他のことを考えながら、話をきいていることありませんか。

例えば、複数名の会議で「現状の売上についてどんな課題を持っていますか。1人ずつきかせてください」と言われたとき。あと何人で自分の順番だ、順番が回ってきたら何を話そうと自分が何を言うかに頭が向いていると、前の人の発言は自分と被っていないかを気にするばかりでちゃんと頭に入ってこないかもしれません。

傾聴の重要性を感じてもらうためのワークで、一定の時間、目の前の相手は一生懸命に話をしているが、きき手はその話に反応せずに無視するというワークがあります。２分ほど行うのですが、終了後、きき手側として無視をするのが難しかったという感想がよくきかれます。そのときには、手元の資料を見る、考え事をする、席の向きを変えて相手のほうを見ないようにするといった方法を取ると無視をするのが難しくなくなりますよと伝えています。

人の話を無視することが簡単になる方法、普段やっていないと自信をもって言い切れますか。

3　「きき上手」の基本スキル

相槌（あいづち）・うなずき

相槌（あいづち）の重要性については耳にする目にすることが多いかと思います。鍛冶で主導的な鍛冶職と金敷をはさんで向かい側に位置し、ハンマー・槌を振るう助手のことを相槌（向かい槌ともいう）といったのが語源だそうです。

話し手の話のスピードに合わせてうなずいたり、「うん」「ええ」など軽く声を発したりするのが相槌です。話し手に合わせて反応をすることで、相手はきちんときいてくれている、話しやすいと心地よさを感じます。言葉の語源どおりタイミングが大切です。

タイミングを意識することに加えて、相槌にはバリエーションを持っておきましょう。

・（声を出さずに）うなずく

・うん、ええ、はい
・なるほど
・そっかぁ、そうなんですね
・へぇ
・確かに
・もう少し教えて、もう少しきかせて

いつも同じ相槌だとしつこい印象やうるさい印象を与える場合がありますが、バリエーション豊富にきいてもらえると話す側も話に乗っていきます。

相槌の奥深い点は、それぞれの人が自分のクセを持っている点と、場合によっては不快に感じさせてしまう相槌もあるという点。私は油断すると、「はいはいはい」と繰り返す相槌や「なるほど」という相槌を多用してしまいがちです。

前者は人によってはちゃんときいてもらえていないと感じるかと思いますし、後者は何をわかってくれたんだろう、本当にわかってくれたのかなという不信感につながる可能性もあります。

私は全体的に相槌が多めです。対面だとよいのですが、オンラインできくと鬱陶しい印象があるので、オンラインで対話をするときはビデオをオンにして大きくうなずくことを増やし、声に出しての相槌は控えるようにしています。

相手の言葉を繰り返す

相手の話の内容を要約して繰り返す、キーワードを取って返すことをバックトラッキングといいます。バックトラッキングは「あなたの話を理解して受け止めましたよ」というメッセージになります。バックトラッキングをしながらきいてもらえると、自分の意見や感情が受け入れられていると感じ、安心して話を進めることができます。

【A】おはようございます。昨日の会議、それぞれの部署の報告と質疑応答もあって長かったですね。

【B】長かったですよね〜。（↑バックトラッキング）でも、結構重要な話題が出たから、必要な時間だったと思いますよ。

【A】確かにそうですね。（↑相槌）でも、ちょっと集中力切れちゃって。

【B】集中力・・・ですね・・・。（↑バックトラッキング）次回はもう少し短時間で話し合いができるといいですよね。

【A】ええ。（↑相槌）それにしても最後の提案どう思いましたか？

【B】個人的には、もう少し慎重に検討したほうがよいかと思いました。

右記の会話では、Ａさんは会議が長かったので集中力が切れたと昨日の会議について否定的な意見を述べているのに対し、Ｂさんは重要な話題があって必要な時間だったと肯定的に受け止めています。2人の意見は正反対のように見えますが、それでも会話として成立しているのは、2人が相槌やバックトラッキングを使って、お互いの意見を受け止めているからです。

バックトラッキングをするときには、相手が使った言葉をそのまま返すのがポイントです。相手が、「会議が長かった」といったときには、「会議の時間がかかりましたね」ではなく、長かったという言葉を使います。慣れないうちは自然と相手が発した言葉ではなく、自分が言いやすい言葉に言い替えてバックトラッキングしがちです。相手が使った言葉をそのまま自分も使って返すほうが相手は自分のことを理解してくれたと感じます。

少し上級編ですが、バックトラッキングをするときに感情をくみ取って返すと効果は倍増します。

話し手A】昨日お客さんから急な仕様変更の連絡があって、残業になったんだよ。
B＊例1】残業になったんだ・・・。
B＊例2】残業になったんだ・・・それは大変だったね・・・。

例1でもバックトラッキングとしてはよいですが、例2のほうが話し手のAさんは自分の感情に寄り添ってくれて嬉しいという気持ちになりそうです。

コミュニケーションに苦手意識のある人は、「もし感情を読み間違ったらどうするの？」と思うかもしれません。大丈夫です。読み間違っても相手が訂正してくれます。それでもハードルが高いという場合は、後述するミラーリングで相手の話すテンションの真似をする、相手が悲しそうな表情をしていれば自分も悲しい表情をするなど相手に合わせて表情をつくるだけでも効果があります。

大切なのは、言葉にするしないに関わらず、相手が喜んでいるのか、困っているのか、感情を感じ取り共感することです。

ペーシング・ミラーリング

以前に好きな果物を言い合うワークをやりました。ペアになって全2回、話をするのですが、1回目は共通のものが好きという前提でその好きな果物について話をする。ただし、話すスピードや声の大きさは相手とずらす。

2回目は違うものが好きだという。ただし、話すスピードや声の大きさは相手に合わせるというものでした。やってみると、2回目のほうが話ができた、

【図表4　ペーシングの効果】

話の内容	話すスピードや声の大きさ		話し手の気持ち
合わせない	合わせる	⇒	話をきいてくれた☺
合わせる	合わせない	⇒	話をきいてくれなかった☹ 話にくかった☹

楽しかったという感想です（図表4）。

口調やテンポを揃えるなど、相手のペースを大事にして話し方や状態、呼吸などを合わせるコミュニケーション技法をペーシングといいます。きき手と話し手に一体感が生まれ、相手との信頼関係を築くことができます。呼吸を合わせるというと難しそうですが、しっかりと相手を観察しながら行うと意外とわかります。

前述のワークからもわかることですが、人は話の内容以上に、相手の様子で話をきいてくれているかどうか、自分と近しいかどうかを感じます。心理学のメラビアンの法則によると、人と人とのコミュニケーションにおいて、言語情報が7％、聴覚情報が38％、視覚情報が55％のウエイトで影響を与えるとのこと。言語情報の影響は思った以上に少ないんですね。

相手のしぐさ・言動・行動を鏡のようにして真似をすることで、相手に親近感を抱かせる心理テクニックをミラーリングといい、こちらも傾聴のスキルの1つです。

相手の真似をする対象には、話すスピード、声の大きさだけでなく、相手のしぐさや姿勢も含まれます。相手がゆっくり話す人ならゆっくり話をする、声が小さめの人なら小さめの声にする、相手が腕を組んだら腕を組んでみる、相手が前のめりの態勢になっていたら前のめりになるなど。

ミラーリングのよいところは、よほど過剰に真似をしない限り、相手は気づかず、自然と親近感を抱いてくれるという点です。過剰に真似をするとは、相手の一挙手一投足すべてを真似する、デフォルメして真似をするなどです。

相手に合わせることが基本ですが、インタビューの現場では、意識的に相手とは違うスピードで話をし、相手を好ましい方向に誘導することも行います。早口できき取りにくい方に対してゆっくりめに質問をしてスピードを落とすことを狙ったり、ゆっくりお話をするので制約時間内にききたいことをきけないかもという場合に少し早めのスピードで質問をしたり。自分だけが理解できればよいだけでなく、インタビューをきいている発注元のクライアントもいて時間の制約があるというインタビュー環境下の話ではありますが、そんなことも可能なくらいペーシングやミラーリングは相手に無意識に影響を与えるものなのです。

スキルだけでなくマインドも

20年以上インタビューの仕事をやってきて感じていることですが、結局話をきくのに一番大事なことって何ですか、ときかれたら、「私は、あなたの話をききたい」「話をきかせてくれてありがとう」という気持ちを持って話をきくこ

【図表５　傾聴力のスキルとマインド】

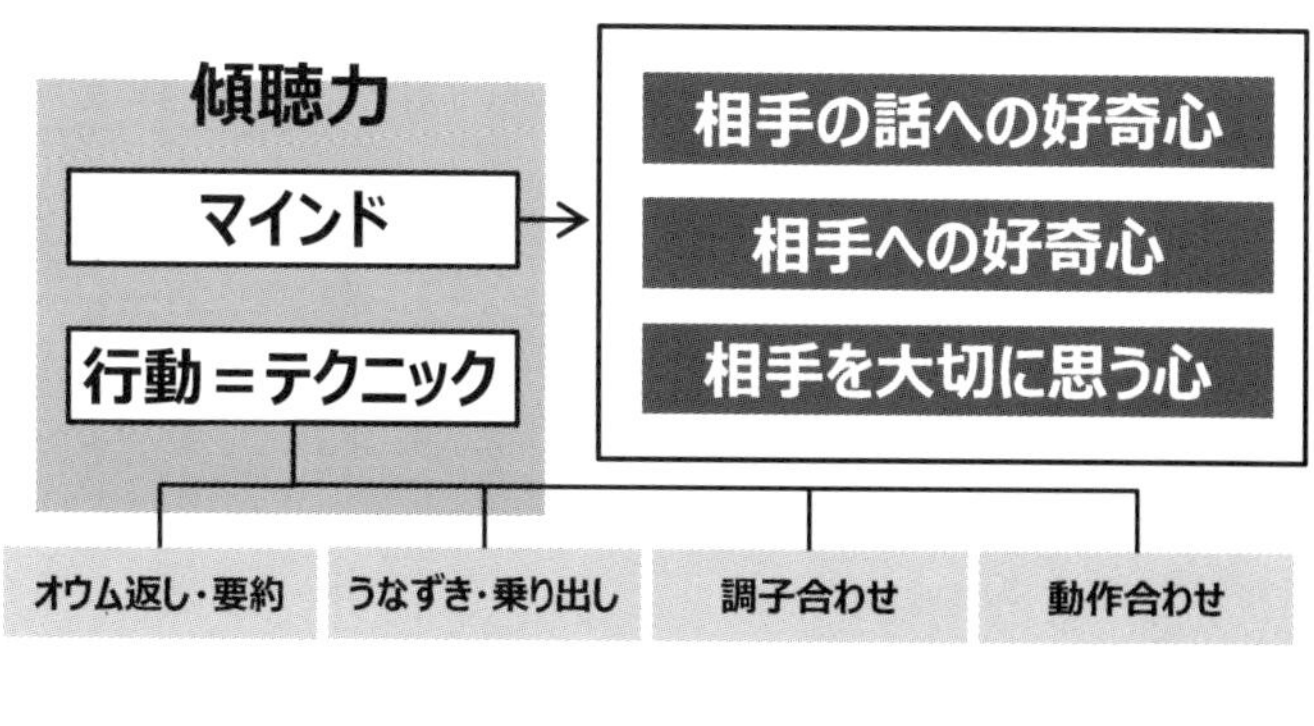

とだと答えます。この気持ちがあるかないか、これは本当に相手に伝わります。もし自分のことをきき下手だと思っていたら、少なくともこの気持ちだけは忘れないようにしてください。そしてできれば、会話の途中や最後でこの気持ちを相手にも言葉で伝えて欲しいと思います。

傾聴のスキルはいろいろと学ぶことができます。形も大切ですが、相手への感謝を忘れず、相手の話を一生懸命きくことさえできれば、スキルがなかったとしても相手は喜んで話をしてくれます。自然と相手の感情にも共感することになり、相手の表情やテンションとも揃ってくるはずです（図表5）。

4　感情的な傾聴

感情に着目する

人は感情の生き物です。相手の感情や非言語のサインに敏感に反応し、それを通じて深い理解を得ることで、対話の質や効果が向上し、より意味のあるコミュニケーションが可能になります。

感情は言葉だけでなく、表情や態度などの非言語サインにも表れます。「傾聴」というと、言葉が対象になっている印象を受けますが、本当の意味での傾聴、心からきこうと思うと非言語サインも見逃すことはできません。

非言語サイン：表情への対応

相手が話している際には表情や身振りにも注目します。ミラーリングの話もありましたが、感情や態度に表れている場合、それを読み取って合わせたり、言葉で共感したりします。

喜びの表情のときは、笑顔を示したり共感する言葉を選んだりして相手の喜びを共有し、ポジティブな雰囲気を維持します。

「喜び」はイメージがしやすいのですが、では「驚き」の表情を見せたときはどうでしょう。相手の意外性や興奮に対して、まずは共感的に受け入れましょう。

ただ、次の反応としては冷静に、「どうしたの？」「何にそんなに驚いた？」と共感するだけでなく、反応に興味を示すことも傾聴の１つです。

少し話が質問の仕方に及びます。関係性にもよりますが、「どうしたの？」ときくよりも、「ど、どした？」などくだけてきくほうが冷静でありつつ、突き放した感がないいき方かもしれません。

不安の表情を示されたときはどうでしょう。

不安を表す表情が見られたら、その不安な気持ちを受け止めたうえで、やさしさや理解を示すことが必要です。

不安なときは特に相手が感情に敏感に反応し、読み取ってくれるだけで安心感があります。

加えて言葉でもサポートや安心感を提供してくれたらよりほっとするでしょう。不安の要因や解決策を探っていくのはまずは安心感を与えてからです。

ネガティブな非言語サインへの対応

非言語のサインには、腕組みをする、ペンをカチカチするなどもあります。クセでやっている場合もありますが、納得がいっていない、落ち着かないなどネガティブな意味合いが含まれていることが多いサインです。相手が腕組みをしていたら腕組みをするというミラーリングの方法もありますが、相手の不安や緊張を取り除きたい場合には、自分はリラックスを促す態度を示したほうがよいでしょう。

リラックスした表情を心がけ、穏やかに対応します。「何か気になることはありますか？」と不安な気持ちに共感する言葉かけを行ってもよいでしょう。逆のアプローチではありますが、ポジティブな話題や相手が話してくれそうな話題に話を転換するというやり方もあります。

相手が抱える感情がポジティブなものにせよ、ネガティブなものにせよ、受け止め対応することで、コミュニケーションを円滑に進めていきます。また、心理的安全性の確保にもつながり、コミュニケーションがよくなるきっかけになります。

感情的な状況を共有されたとき

相手が感情的な状況を共有した場合や感情的になっている場合には、どのように受け止めるのがよいのでしょうか。これもまずは共感が基本です。相手の感情に「辛かったんですね」「大変だったでしょう…」など言葉で共感したり、非言語の表情で共感を示したりします。しかし、受け止める言葉として「お気持ちわかります」などの言葉は「本当にわかるの？」という意味で軽率な印象を与える場合がありますので注意が必要です。

受け止めたうえで、タイミングを見て「気持ちを教えてくれて嬉しいです」というフィードバックを行うこともあります。質問の領域に入りますが、怒りなどの感情に関しては、話を促す質問をして、相手が望むだけ自分の感情を出してもらう方法もありますし、悲しみの感情に関しては、「何か私にできることはありますか」といった寄り添う姿勢も考えられます。

5 「傾聴力」を高める練習

自分のきき方を観察する

「傾聴」「きく」スキルを説明している本を読んで、気を付けたほうがよい点はわかったとしてその後、「次はどうすればいいのか」という問いには、「練習してみましょう、そしてその様子を観察しましょう」です。

誰かの話をきいているときの自分の様子を動画に撮り見返してみてください。

3分も撮れば充分です。「相槌がワンパターン」とか「相槌が多い・少ない」「相手の話にかぶせているつもりはなかったが、かぶっていた」「手を組むことが多い」とか、気づきがあるはずです。

動画を撮る、と意識しているときでさえそうなのだから、普段はもっとその特徴が強まっているはずです。

自分の様子を動画で観察することは恥ずかしいところもあるかもしれませんが、一度経験しておくとその後、きき上手な人を見つけたときに自分と比較して、その技を盗みやすくなります。

自分の様子を観察し、自分の長所と短所を把握すると、その特徴を活かしたうえでどうしていきたいのかというのが明らかになります。なので、動画を見るときには是非、自分の課題点だけでなく、よい点も見つけてください。昔人気インタビュアーの先輩に憧れて真似をしたところ、元々付き合いがあったクライアントから普段のようにきいてくださいと注意されたことがありました。穏やかなトーンで話をきいていく様子を気に入っていただいていたところ、まとめながら切り込むようになったので違和感を持たれたようです。自分の特徴を見失ってはいけませんね。

傾聴に関する本はたくさん出ています。きき上手な芸能人もたくさんいます。では、皆の傾聴力が上がっているのかというとそうではありません。わかっていてもできないのはなぜなのでしょう。やはり現状の課題がわかっていないことが大きいと思われます。

日常生活での傾聴力を高めるエクササイズ

エクササイズといっても特別なことではありません。普段の生活の中で傾聴を意識する時間を少しずつ増やしてみましょう。

家族や友人との会話。家族や友人、身近な人のコミュニケーションを大切にし、相手の話に注意深く耳を傾ける。

家族から話しかけられたら、何か他のことをやっていたとしてもちょっと手を止めて相手のほうを向く。すぐに手を離せない場合はちょっと待ってもらって、向き合う時間をつくる。

外出先や電車の中など公共の場で周りの人の会話をきき、どのようなコミュニケーションをとっているのか観察する。スマートフォンやパソコンに向き合うのではなく、ちょっと顔を上げて周りの様子を見てみる。

テレビ番組や動画できき上手と感じる人を見つけてみる。そしてその人のどんな点がきき上手につながっているのか考えてみる。

きき上手の基本スキルとして紹介した相槌、バックトラッキング、ペーシング・ミラーリングのうち、今日はこれを意識してみよう、と思うものを決めて意識してみる。

少し意識して実践する時間を設けるだけでも傾聴力は高まります。

「質問力」は「傾聴力」を兼ねている

質問をするためには、質問をする前に相手の話を注意深くきくことが重要です。相手の発言を受け止め、理解して初めて適切な質問を考えることができます。傾聴力があると、相手の話を理解し、共感を示すことができます。ただ、話をきいているだけでは話が深まったり、お互いの理解が進んだりすることには限界があり、適切な質問をはさむことが求められます。適切な質問をはさむと、相手はより自分の話をきいてもらえているという気持ちになります。

質問力のためには、傾聴力も必要であり、質問力を高めようとすると必然的に傾聴力も高まります。いずれもコミュニケーションのためには大切な要素となります。

この章のまとめ

①
きく心構えをしたうえで、共感しつつ、傾聴しよう。

傾聴では、同感ではなく、共感が重要。相手と意見が一緒でなくても、示せるのが共感。

話しかけられたときは、きく態度を整えてからきこう。

②
傾聴にはスキルとマインドどちらも大事。

スキルには、相槌、うなずき、バックトランキング、ペーシング・ミラーリングなどがある。

相手への好奇心や相手を大切に思う気持ちも忘れずに。

③
傾聴力を高めるためには、まずは自分の現状を知ること。

動画を撮って、自分のクセを知ることは練習の第一歩。自分の長所と短所を知って周りを見まわせば、練習の機会はあちこちに転がっている。

第3章　質問の基本型を知る

1 「質問」とは

質問・問いかけ・尋問・詰問

「質問」「問いかけ」「尋問」「詰問」という言葉について考えるワークをやりました。その中で参加者から出てきたそれぞれの言葉の意味合いを表にしています（図表6）。

ワークの中で出てきたことなので、必ずしも言葉の本来の意味とはリンクしていないかもしれませんが、それぞれの言葉の特徴をよく表している気がします。

よい質問（問いかけ）とは

ワークショップで参加者から出た「よい質問（問いかけ）とは」という質問に対するコメントの一部です。

・相手の意図を引き出せる
・別の視点から相手に考えさせる、考えが深まる・広がる、視点を変えられる

【図表6　質問・問いかけ・諮問・尋問】

質問	問いかけ	詰問	尋問
・質問者の疑問を解消する。主導権が質問者 ・答え、考えを引き出す。正解が求められる	・相手が自由に回答できる。主導権が回答者 ・相手から引き出す ・心理的安全性が担保されている環境でできる	・問い詰める、相手を責め立てる ・追い込むのが目的 ・強い上下関係があり、感情が存在する	・自分の知りたいことを強制的に答えさせる ・相手の語りたくないことについて無理に話させる ・強い上下関係があり、権力が存在する

・相手が話したくなる、溜まっていたものを吐き出す
・普段言語化できていないことを考えられる、内面と向き合うきっかけになる
・感情に触れる、相手の感情にアクセスする
・様々なアイデアを引き出される
・質問の趣旨を相手が理解できる、相手が答えやすい、相手が考えたくなる
・双方でコミュニケーションが取れる、質問した側の理解も深まる
・場の雰囲気に合っている

どのコメントも「答えがあるものをきくのではない」「相手のため」という点は共通しています。

質問をする側の頭の中に答えがあるものをきくのは尋問や詰問です。一般的な答えがあるものをきくのはクイズです。尋問や詰問、クイズではなく、質問や問いかけを行っていきましょう。

広辞苑で「質問」を引くと「疑問または理由を問いただすこと」と出てきました。辞書の意味では、質問は尋問や詰問と近いようです。本書では、「質問」に「問いかけ」の意味も含めて使っていきます。

2　オープン質問とクローズド質問

オープン質問＝自由な回答を引き出す

質問の種類として、オープン質問とクローズド質問があります。

オープン質問は、相手に対して具体的な答えを強制せず、自由に話してもらうための質問です。

・最近どんなことに興味を持っていますか？
・休みの日はどんな風に過ごしていますか？
・今週のプロジェクトの進捗はどうですか？
・この考え方についてどのように思いますか？

具体的な答えが用意されているわけではないため、相手は自分の考えや感情を自由に表現できます。相手の意見や状況について深く理解するのに役立つので、自由な意見交換や対話を通じて、より深い理解を得たいときに使うことが多いです。

例えば、休みの日にどんな風に過ごしていますか？という質問で、「家族と一緒に」といった話がすぐに返ってきたら、過ごし方の話だけでなく、家族中心の生活を送っているんだなという価値観の話も推察できるかもしれません。そういう意味で、相手の価値観や相手の個性も出てきやすい質問です。

反面、「どのように思いますか？」ってきかれたって「どう答えればよいの？」「どんな答えを期待されているの？」と思う場合もあり、クローズド質問に比べると、質問に答える側の負担が大きい質問だともいえます。

オープン質問の中には、完全にオープンの質問と、範囲を狭めたオープンの質問があります。

・この商品についてどう思いますか？　（完全にオープン）

・この商品のパッケージについてどう思いますか？　（範囲を狭めたオープン）
・どんな旅行に行きたい？　（完全にオープン）
・国内だったらどんな旅行に行きたい？　（範囲を狭めたオープン）

「どう思いますか？」だと何を答えていいのかわからない場合も、「パッケージについてどう思いますか？」だと「パッケージについて答えればいいのね」と答える範囲がわかります。ただし、パッケージ以外の話は出てこず、回答の可能性は狭めてしまっています。オープン質問においても、今回の質問はどの範囲で答えて欲しいのかを考えたうえで、範囲を示すまたは枠組みをつくらず完全にオープンできくということを考えて質問することが求められます。

なお、完全にオープンできいた後に範囲を狭めてきくことはできますが、一旦範囲を狭めてきいた後同じ題材において範囲を広げてきくことは難しいことは覚えておいてください。「国内だったらどんな旅行に行きたい？」の後、「では、どこでも行けるとしたらどんな旅行に行きたい？」という質問はどちらも成立しています。２回目は国外を暗黙の了解で指しており、１回目と2回目で質問が指している範囲にかぶりがないためです。「パッケージについてどう思う？」の後に、「パッケージ以外についてどう思う？」という質問ならありですが、「パッケージまで含む全体についてどう？」という質問は成立しません。

どちらのきき方にするか迷う場合は、完全にオープンできいて、相手の様子を見て範囲を狭めてオープンできくのがおすすめです。

クローズド質問＝端的な回答を求める

特定の答えや情報を求めるために使われる質問で、通常は「はい」か「いいえ」で答えられる形式です。

具体的な事実や情報を確認したり、特定の選択肢を絞り込んだりするときに使います。

・会議は10時からですか？

・猫は好きですか？

「何時に起きましたか」といった質問の答えは、「はい・いいえ」ではないですが、「●時」という答えが期待されており、回答の自由度が狭いと考えるとクローズド質問に含まれます。

クローズド質問は、特定の情報を素早く確認する場合に有効です。報告や連絡のときにはよく使われます。ただ、質問する側の言葉数のほうが多く、回答者側は簡潔にしか答えない傾向にあり、相手に自由に話してもらいたい、語ってもらいた

【図表7　オープン質問・クローズド質問】

	メリット	デメリット
オープン質問	✓ 回答者は自由に自分の考えや意見を表現できる ✓ 思いがけない回答が出てくる場合もある ✓ 相手について深く理解できる	✓ 回答者が何を答えてよいかわからず、負担になる場合もある
クローズド質問	✓ 回答者が答えやすい ✓ 具体的な情報を素早く確認できる	✓ 質問者の意図に左右される ✓ 質問者が意図する以外の回答は出てこない

いというときにはオープン質問を使うほうが適しています（図表７）。

インタビューの中では、まずはオープン質問（しかも「印象はどうですか？」など完全にオープンの質問）から入り、「本当に買う？」など核心に迫るときや確認をしたいときにクローズド質問を使うのが原則です。

オープン質問は自由に回答できる分、回答する側が何を答えるか広い範囲から取捨選択する必要があり負担感がある質問です。まだ関係性ができておらず、様子をうかがっているような会話の話し始めや、口が重い相手、警戒をされている相手の場合は、答えやすいクローズド質問から入ることもあります。

セレクト質問＝選択肢を提示して選んでもらう

クローズド質問に近いですが、「はい」「いいえ」で答えるのではなく、選択肢を提示して選んでもらう質問もあります。

・明日の夜、外食しようと思うけど、イタリアンと中華どちらがよい？
・新しいプロジェクトのアプローチとして、Ａの方法とＢの方法、どちらが適していると思いますか？
・次の休暇の旅行は、北海道と沖縄、どちらがよい？

セレクト質問のよい点は、相手に選択権を与えつつ、自分の意向も反映できる点です。自分の中で和食の気分じゃないんだよなというときにオープン質問で「外食しようと思うけど何がいい？」ときいてしまうと、和食と返ってくる可能性があります。だからといって「イタリアンでいい？」とクローズド質問できいてしまうと相手によっては勝手に決められてしまった、押し付けられていると感じる可能性もあります。

仕事の面でわからないことがあったときにも、「どうすればよいですか？」ときくよりも、「A案とB案を考えたんですが、どうすればよいですか？」ときけたほうが、たとえ最終的に相手の答えがC案だとしても、ちゃんと考えたうえで質問してくれたんだなと心証がよくなる場面があるかもしれません。

セールスのテクニックには、売りたい商品がある場合、その商品だけでなく、価格帯が違う商品を用意し、松竹梅の竹、真ん中の価格帯の商品として本当に売りたいものを見せたほうが売上が上がるという話があります。３つのランクがあると真ん中を選ぶ人が多いため、本当に売りたいものだけでなく、価格帯が違うものをあえて用意しておき相手に選んでもらおうというのがこのセレクト質問の考え方です。

相手が自由に回答でき、話が深まり広がる可能性があるオープン質問、答えが明確で、確認に適したクローズド質問、自分が意図する範囲で相手に自由度を与えるセレクト質問、この３つの質問を意識して使うことで質問の幅は広がります。

３　５Ｗ３Ｈで行き違いを防ぐ

行き違いはなぜ起こるのか

仕事上の行き違いやプライベートでの行き違い、言った・言わない、思っていたとおりに伝わっていなかったなどはどうして起こるのでしょうか。この場合、基本的にはわかった、伝えたつもりになっていたということが要因のことも多いです。

行き違いを防ぐ方法はいくつかあります。メモや文書で残す、というのも１つです。質問という視点では５Ｗ３Ｈを意識して確認し、不足点があったり疑問点があったりしたときに質問するだけでも行き違いは減ります。

5W（When、Where、Who、What、Why）

・早急にやっておいて↓いつまでにやればいいですか？
・この前の場所で↓念のため確認させてください。●●でよろしいでしょうか？
・部署でこういうことが起こっている↓部署全員がそうなのでしょうか？　誰のことですか？
・あれ、それ↓●●のことで合っていますか？
・この課題に取り組んで欲しい↓目的は何ですか？

相手によって問いかける言葉を変える必要はありますが、確認の質問の例を挙げてみました。こそあど言葉といわれる（これ・それ・あれ・どれ）には要注意です。相手と前提やイメージしているものが同じだと思って確認せずに進めると間違いの元です。

Whyはこの中でも最もきき方のバリエーションがある質問です。

そのまま、「なぜ」ときくこともできますが、「なぜ」を繰り返しているとちょっと鬱陶しい印象を与える場合や責められている印象を受ける場合もあります。

「この課題に取り組んで欲しいのはなぜ？」と理由を聞くのであれば、「この課題に取り組む目的は？」「この課題で何を達成したいと思っていますか？」「どのような成果を期待していますか？」といったきき方も考えられます。「もう少し詳しくきいてもいいですか？」というだけでも目的を伝えてくれるかもしれません。

3H（How、How many、How much）

・明日の会議のために資料をつくっておいて→どのようなイメージですか？　何部用意すればよいですか？
・発注しておいて→いくつ必要ですか？
・新しい備品を検討したい→予算はいくらですか？

Howはいろいろなきき方ができます。「資料をつくっておいて」と言われた場合も、「どのような内容?」「どのような手段（パワーポイント、エクセル、…）で?」と確認しておくことは多いでしょう。期日、数量などの具体的な数字も、ビジネスの場では確認しておくことが必要です。当たり前の前提だと思って、伝えられない場合もありますので、自分でちゃんと把握ができているか、そしてそれを相手に確認し、共通の認識を持っているかを意識して進めましょう。

昔、リサーチの結果を分析したレポートをクライアントに納品するとき、メールでデータを納品して終わったと安堵していたら、電話がかかってきて怒られたことがありました。データだけでなく、紙ベースのものも必要だったようです。今ではあまりないかもしれませんが、どのような形で納品するのがよいのか、きちんと確認しておけば避けられたミスでした。

曖昧な言葉は確認する

・すぐに、早急に↓いつまでに?
・前と同じように↓前ってどれ?
・適当に、いい感じに↓どのように?
・メンバーと↓誰と?
・皆が言っている↓具体的に誰が?
・適量↓どれくらい?

仕事の中では、暗黙の了解の元に成り立っている、と思われている曖昧ワードがたくさんあります。すべてを細かく伝えなくてもお互いの認識が合っているのはよいことではありますが、いつも認識が合っていると思い込むのはミスにつながる可能性があり怖いことでもあります。

これまでの社会では暗黙の了解の元で進めてこられたかもしれませんが、今後は同じ会社・業界で働く人も考え方や価値観の多様化が進む時代です。

「ん？　●●と言っていたけど、その認識は▲▲で合っているかな？　念のため確認しておこう」と立ち止まって考え質問することは、今後の仕事の進め方としてますます求められているかもしれません。

4　感情を動かす質問

論理だけでは人は動かない

アメリカの作家・教師であったデール・カーネギーはこんな言葉を残しています。「およそ人を扱う場合には、相手を論理の動物だと思ってはならない。相手は感情の動物であり、しかも偏見に満ち、自尊心と虚栄心によって行動するということを、よく心得ておかねばならない」。

話をするときも、質問をするときも、相手が感情の生き物であるということを忘れてはいけません。同じきき方でも、相手の感情の状況によって反応が異なるというだけでなく、相手も自分に感情の生き物としての反応を求めています。

買い物に行ったとき、私も個人的にこれ使っているんですよと店員さんにすすめられたら買いたくなった、知人からいいよときいた商品をつい買ってしまったといった経験はありませんか。「一般的によいといわれています」「こんなデータがあります」と言われるだけでなく、「私自身もこんなところが気に入っています」と言われたほうがより影響を受ける場合があります。

アイメッセージを効果的に使う

アイメッセージとは、「I＝私は」で伝えるメッセージです。

上司】 この間から取り組んでいるプロジェクトの進展はどう？

部下】 なんだかうまく進まなくてちょっと停滞中です。もう少し検討したいことがあるので、今いろいろな可能性を探っているところです。

上司】 個人的にも（↑アイメッセージ）あのプロジェクトは面白いし、会社の未来にもつながると思っているんだよね。大変なところもあるだろうけど、私も（↑アイメッセージ）力になりたいので必要だったらいつでも相談して。

この例の部下の場合、一般論で、進めることが決まっているので頑張って欲しいといわれるよりも、個人的にも意味があると感じているので一緒に頑張ろうといわれたほうがやる気が出るのではないでしょうか。

自社の商品を営業するときにも、「一般的にこんなところが優れています」「こんなスペックです」というだけでなく、自分自身がユーザーとして「こんな点が気に入っています」「こんな使い方をしています」と紹介されたほうが、相手の買いたい気持ちは高まると思われます。店頭で店員がおすすめしている手書きのＰＯＰがあったりすると、魅力に映るのもこのアイメッセージを活かした方法です。

感情に働きかける質問をする

感情的な側面に焦点を当てる質問をしてみるのも有効です。

取り組んでいるプロジェクトについて、「進捗具合はどう？」と状態・状況をきくだけでなく、「プロジェクトについてどんな気持ちを持っている？　どう思っている？」と感情に焦点を当てた質問をしてみます。

状況をきくと「ここまで順調だったのですが、少し課題が出てきている状況で、今その解決に向けてメンバーで取り組んでいます」だったとしても、感情をきくと「大変なんですが、皆で乗り越えようと力を合わせていて充実しています」と返ってくる場合もあるでしょうし、「いやぁ、もう気持ちが折れそうです」と返ってくる場合もあるでしょう。実は感情に焦点を当てた質問をしたほうが相手の状態がわかる場合もあります。

「この課題に取り組む中でどんな感情が湧いてきましたか」のようにあえて「感情」という言葉をきくと、少し気持ちがザワッとします。普段仕事の上で感情をきかれるシーンは少ないので、「感情って？」という戸惑いも生まれますが、逆に自分は仕事に対してこんな意識を持っていたのか、と気づきが生まれることもあります。質問については、この少し、「えっ？」と戸惑う感覚が意外と普段考えていないことを導くためには必要だったりします。

過去の仕事や今までの経験を振り返るときも状況だけでなく、感情とセットで尋ねてみましょう。人の記憶はそのときの感情とセットで覚えているものも多く、感情を語ってもらうことでそのときの状況を思い出しやすくなる効果もあります。

5　相手にわかりやすい質問をする

質問の数を伝える

プレゼンテーションの後の質疑応答などまとめて質問をするときには、「いくつか質問をさせてください」と最初に質問の数を言ってから質問をするのがおすすめです。

質問される側の気持ちになってみましょう。１つの質問が終わったと思ったら、また次の質問が始まってとなると、「いくつ質問があるんだろう」「いつまで続くんだろう」と不安な気持ちが芽生えます。最初に質問の数を伝えておけば、相手にストレスを与えることを避けることができます。

見通しがつかないことは不安になる人が多いので、見通しを先につけて安心してもらったうえで、内容に入っていきましょう。

質問の数を伝えることは大事といいつつ、テレビで見かける記者会見などで各社質問は1個でお願いしますといわれているのに、何個も質問をしている様子を見ると、なんだかなぁと思ってしまいます。いくつと数を伝えたからにはその約束を守る、もし守れない場合は、「すみません、2つと言いましたが、もう1つ思いついてしまったのできいてもよいですか？」など相手に許可を得ることは基本です。

1センテンス1クエスチョンを心がける

質問をするときについやってしまいがちなのが、1つの文章に2つ以上の質問を入れてしまうことです。「今日何時に起きたの？　朝何食べた？」くらいならまだいいかもしれませんが、「直近で見た映画についての感想と今後見たい映画について教えてください」といった質問だと、直近で見た映画の感想を言っている間に今後見たい映画についてきかれたことは忘れてしまいそうです。

質問に答えている途中で、「あと何の話をすればよかったんでしたっけ？」「質問なんでしたっけ？」とならないよう、1つの文には1つの質問を入れ、その回答が出てから次の質問をするというほうが答える側にはわかりやすいです。

いつまで質問が続くのかがわからない、質問が多岐にわたりどれから答えていいかわからない、質問が要約されておらず、要は何をききたいのかがわからないといったわかりにくい質問は答える側のストレスとなります。

質問は自分がききたいことを、ききたいようにきくものではありません。あくまでも相手あってのものなので、「相手がこれをきかれたら戸惑わないかな」「ちゃんと質問が伝わるかな」というのは考えましょう。

6　バイアスに留意する

アンコンシャスバイアスとは

リサーチ・インタビューの場では、バイアスという言葉は、先に聴取した内容が後から聴取する内容に影響を与えることを指します。商品の評価をする際、Ｐの評価をした後、Ｑの評価をすると、Ｑの評価には先に聴取したＰの影響が加わるということをバイアスがかかるといいます。

ここで取り上げるバイアスはアンコンシャスバイアス、無意識の偏ったものの見方を指します。

以前アンコンシャスバイアスを考えるワークショップを実施したことがあったのですが、そのときに参加者から挙がったアンコンシャスバイアスの例を紹介します。

・（流行った本にありましたが）女性は地図が読めない
・男性は論理的、女性は感情的

・結婚したら苗字を変えるのは女性
・子どもがいると残業はできない
・既婚男性で家事をする人は偉い

質問の中にバイアスが含まれていないかを考える

・どんなお仕事をしているんですか？　（男性である年代の方であれば仕事をしている前提）
・お休みは取れていますか？　（仕事が忙しいという前提）
・お子さん保育園に預けるの寂しいですよね　（子供とは離れたくないという前提）

アンコンシャスバイアスに配慮しすぎると、「これはバイアスなのでは」と引っ掛かり、質問ができなくなっていくのも事実です。質問に関しては、「注意はするが、ついうっかりもあるのでそのときは取り下げればいい」と思っています。そのために必要なことは、「自分の中に何かしらのバイアスはあり、それは質問をしたときに出てしまうかもしれない」と思っておくこと。その意識があれば、アンコンシャスバイアスを含んだ質問をしてしまった後、それに対し、相手が違和感を示したとしても、相手の様子を見て言い替えたり方向転換したりすることができます。

バイアスに気づく視点

ＮＬＰ（神経言語プログラム）では、人の思い込み・偏見につながるフィルターとして「削除・

歪曲・一般化」を挙げています（図表8）。「削除」とは、誰が、いつ、どこで、具体的にどのように、何を基準に、といった具体的な情報が削除して話されている会話です。

・アルバイトの遅刻が多い　（↓アルバイトの誰のことを指しているのかを削除）
・努力が足りない　（↓努力とは具体的に何を指しているのかを削除）
・彼は社会人としてダメだ　（↓判断基準を削除）

自分の中のフィルターや相手のフィルターに気づいたときは、「具体的に誰？」「具体的にどう？」「何を基準に？」といった質問を、自分や相手に対してやってみましょう。「彼は社会人としてダメだ」という言葉に対しては、「なぜダメだと思っているの？」といった質問を行います。

「歪曲」とは、話す内容を単純化するプロセスで必然的に意味や真意が歪められることです。

・最近の若い人は向上心がない
・メールの返信がないということは怒っているに違いない
・景気が悪いので、売上が上がらない
・きっとあの人は自分のことを嫌っている

「どうしてそう思うの？」「どうしてメールの返信がない＝怒っているになるの？」「景気が悪くても売上が上がっている会社はないの？」「どうして嫌っているとわかるの？」といった質問で前提を疑ってみることが必要です。

「一般化」は、いつも・絶対・すべて・みんなど例外を排除するいい方です。

・女性は感情的
・上司はいつも自分に厳しい
・その仕事はできません

「みんなそうなの？」「いつもそうなの？」と例外がないのかを問うてみる必要があります。できないという無意識のうちに限界を持っている場合は、「もしできたとしたら？」「止めているものは何？」といった投げかけも有効です。

この削除・歪曲・一般化は、人が多くの情報を取捨選択するために自動的に行っている仕組みです。人は毎秒ものすごい数の情報にさらされています。すべての情報を受け取ることは絶対的に難しく、削除・歪曲・一般化、つまり情報をそぎ落としたり、シンプルにしたりすることで、自分の頭を守っていると考えていただいてもいいかもしれません。円滑に進んでいるときは有意義な仕組みですが、削除・歪曲・一般化された言葉に対して

【図表8　削除・歪曲・一般化】

削除	・何を指示しているかの削除	・誰が？　いつ？　何が？　どこで？　誰に？
	・具体的に示していない	・具体的にどのように？
	・比較対象が省略されている	・何と比べて？
	・評価・判断基準が省略されている	・誰が決めた？　何を基準に？
	・私は●●だから、などくくりをつくってしまう	・誰が、どのように？　具体的にどのように？
歪曲	・2つの異なる文章が同じ意味になっている	・どうしてXがYを意味するの？
	・因果関係	・どうしてXがYの原因？（例外があるはず）
	・何らかの前提が隠されている	・どうしてそう信じたの？　何があなたをそう思わせたの？
	・他の人の気持ち・考え方を決めつけている	・いったいどうしてそれがわかるの？
一般化	・できない・無意識のうちに限界を持つ	・もしできたとしたら？　止めているものは何？
	・べきだ・べきでない	・もし、そうしないとどうなる？　もし、そうしたらどうなる？
	・逆説的限定になる	・すべて？　いつも？　誰でも？　例外は１つもない？

バイアスとして引っ掛かりを感じたり、思い込みで停滞しているように感じたりしたときには、自分自身や相手に「具体的に何が？」「本当に？」といった質問を投げかけてみましょう。

7　話過ぎない

人は話したがり

人は基本的に話したがりの生き物です。人によって話せた、満足した、と感じる発話量が違うとの話をきいたことがあり、確かに口数が少ない人とおしゃべりな人はいますが、自分のペースで自分が満足いくまで話ができるとしたら嬉しいという人がほとんどだと思います。


【A】きいてきいて。最近新しい趣味を見つけて、アートに興味を持ち始めたんだ。

【B】面白そう！　私も昔はアートにハマっていて、油絵が好きだったんだ。

【A】そうなんだ。私は最近水彩画を初めてみたんだ。でも、まだ初心者で。

【B】水彩画も素敵だよね。私は油絵の中でもモネが特に好きで美術館にもよく行ったよ。それでね…。


Aさんが新しい趣味について話をしています。きっと水彩画のこんなところが好きとかこんなところが難しいとか、こんなのが描けるようになりたいとか、いろいろ話したいことがあったのではないでしょうか。

人の話の腰を途中で折らないのが質問の基本です。私はこの仕事を始めてから、プライベートでも自分が話す時間が長くなると落ち着かないようになりました。職業病です。それでもたまにワーッとしゃべりたくなるときがありますので、この話をしたくなる、きいて欲しくなるというのは本能なんでしょうね。だからこそ「相手のボールを横から奪わない」「受け取ったボールを持ちっぱなしにしない」ということは気を付ける必要があります。

理想のバランスは8対2

マーケティング・リサーチのインタビューの仕事を始めたとき、10の会話の中でインタビュアーの質問は2に収めることを目指すように言われました。「端的な質問をし、相手にできるだけ話してもらうことが理想のインタビューだ」と。今でも2割に収められている自信はありませんが、それくらい相手に話してもらうのが質問の目的ということは意識しています。この話をリサーチ・インタビューをこれからやっていきたいという人に話すと「そんなに少ないんですね」とびっくりされます。2割という数字は思っている以上に少ない、本当に話をできるだけしないという数字です。

話過ぎないためには、一度質問をしたら話が止まるまでは相槌で語ってもらう、質問の文言をできるだけ短くするなどが考えられます。敬語、丁寧語は、綺麗な日本語の文化ですが、質問においては過剰な敬語、丁寧語は、質問の本題をわかりにくくする懸念もあります。

「恐縮ですが」「もし機会がございましたら」「お知恵をお借りできればと考えておりますが」「この問題の解決策について何かご提案いただけないでしょうか？」などと言われるよりも、「この問題を解決するために何かアイデアがあれば教えてくれませんか？」といったきき方で充分なケースがほとんどです。

8　質問の答えが返ってこないときの対処法

答えが返ってこない原因を推察する

質問をしたのに相手から答えが返ってこないと焦りますよね。焦ってつい次の言葉をつなぎたくなってしまいますが、ちょっと待って。なぜ相手から答えが返ってこないんでしょうか。

ここでは、観察が必要です。相手の様子はどうですか。

黙っている場合は、興味がなさそうな表情をしている・意図的に避けている・戸惑った表情を浮かべている・考え込んでいる表情をしている・他のことに気を取られているなど考えられます。

また、質問の意図がわからず戸惑っている・きかれている内容に興味がない・答えることに抵抗がある・質問にすぐに答えが浮かばず自分なりの答えを探している・他に気になっていることがあり質問に集中できていないなど、質問に対する答えが返ってこない原因としていろいろな可能性があります。そしてその原因によってその後の対処方法は異なります。まずはしっかりと相手の様子や表情を見て、答えが返ってこない原因を推察しましょう。

質問の意図や意味が伝わっていないときには言いかえる

相手の戸惑っている様子から質問の意図や意味が伝わっていないことが推察される場合は、より具体的な言葉で質問し直したり、より平易な言葉で言い替えたりすることが必要です。

「この商品使ってみてどうだった？」ときいて質問の意図がわからず戸惑っている場合、「私も購入を検討しているんだけど、この商品使ってみてどうだった？」とより具体的にきけば、なぜその質問をされたのかがわかって答えやすくなります。

寓話で、「3人のレンガ職人」という話があります。旅人が建築現場で作業をしている人に「何をしているのか」と質問したところ、1人目は「レンガを積んでいる」と答え、2人目は「壁をつくっている」と答えた。3人目は「神をたたえるために大聖堂をつくっている」と答えたという話です。

レンガを積むという単なる作業として行うのではなく、大きな目的をもって仕事をすることが大事という教えで使われていますが、この質問、旅人の質問の意図は何だったのでしょう。1人目の人はただ単に、今自分がやっている作業が何をどうしているのかをこの旅人は知りたいのかなと思って答えただけかもしれません。「この仕事の目的は？」ときけば3人目と同じように答えたのかもしれません。そう思うと、質問が不十分だったとも考えられるお話です。

「何のために質問しているのか、意図がわかる質問をしていますか？」または「その意図を相手に伝えて質問をしていますか？」

意図が伝わっていないのではなく、単純に質問に含まれている言葉の意味が伝わっていないとき、平易な言葉にするときのポイントはひらがな言葉にすることです。

・「問題の要因は？」↓ひらがな言葉で「なぜ問題が起こったと思う？」

・「この商品を認知したきっかけは？　購入した理由は？」↓ひらがな言葉で「この商品を知ったきっかけは？　買おうと思ったのはどうして？」

英語やカタカナ言葉にも要注意です。コミュニケーション、ニュアンス、イノベーション、よく使う言葉も相手によっては通じにくいかもしれませんし、通じていると思っても意味合いがずれていることがありえます。その言葉でないと機微を表現しにくい場合もありますが、もっと簡単な言葉で言い替えられないかと考える癖をつけておくことは大切です。

相手の気持ちを尊重する

質問を投げかけた相手が質問できかれた内容に興味がなさそうなとき、答えたくなさそうなとき、質問した側はどうすればよいでしょう。基本的には相手の気持ちを尊重します。ほとんどの場合、話したくないことを無理やり話してもらう必要はありません。相手が話しやすい話題に転換します。場合によっては話してもらわないと困るというときもあるかもしれません。その場合は時間を空けることも1つです。まだ信頼関係ができていないのであれば信頼関係ができてから質問する。今は話したくないタイミングであれば話したくなるタイミングを待つ。人を変えるという手もあります。少し切ないですが、あなたが話をきくのではなく、他の人が話をきくほうが話してくれるケースもあるかもしれません。

質問は相手あってのものです。寓話「北風と太陽」の太陽になった気持ちで対応します。

沈黙を恐れず待つ

相手が質問の意図も意味も理解し、答えたいとも思っているけれども、すぐには考えがまとまらず考え続けていて沈黙している場合もあります。そのときはぜひ待ちましょう。待つ時間は、待っているほうは長く感じますが、実際にはそれほど時間が経っていないことがほとんどです。そしてさらに、自分のペースを尊重して答えを待ってくれる人に対しては信頼感を抱きます。

NLPで自分の関心の方向性（ベクトル）を自分に向けるのか、相手に向けるのかを変化させるワークをやりました。具体的には相手と真正面から対面し、相手の目を「自分が見られている」という目で見つめるのか、「自分が相手を見ている」という目で見つめるのかで感じ方の変化を体感するワークです。自分が見られている、つまりベクトルが自分に向いている場合、相手の一挙手一投足が気になり、落ち着きません。逆に相手の方に関心が向いている場合は、落ち着いた気持ちで相手の様子をじっくりと観察することができます。

【図表９　答えが返ってこないときの対処法】

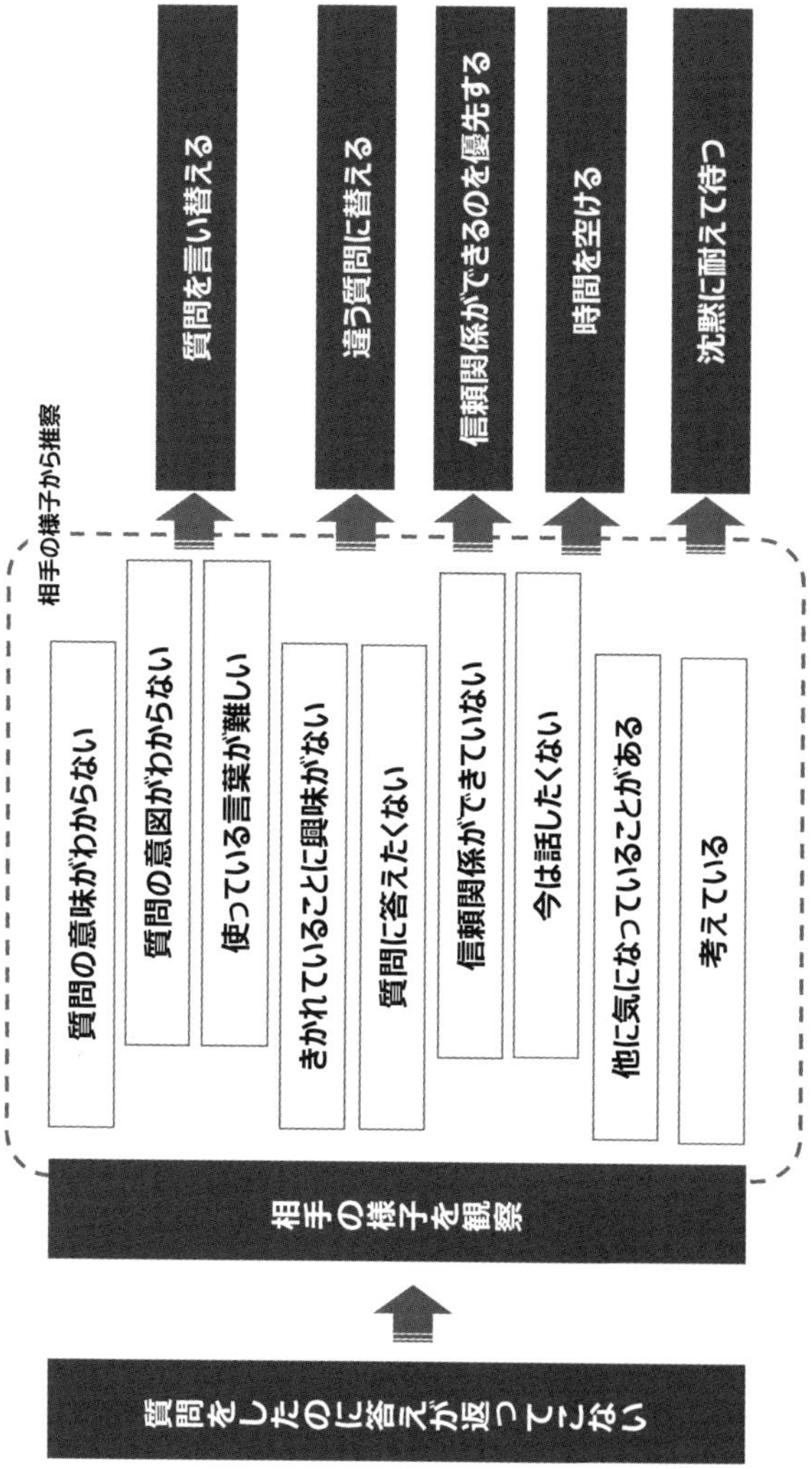
質問をしたのに答えが返ってこない
相手の様子を観察
相手の様子から推察
質問の意味がわからない
質問の意図がわからない
使っている言葉が難しい
きかれていることに興味がない
質問に答えたくない
信頼関係ができていない
今は話したくない
他に気になっていることがある
考えている
質問を言い替える
違う質問に替える
信頼関係ができるのを優先する
時間を空ける
沈黙に耐えて待つ

沈黙を恐れるのは、ベクトルが相手のほうを向いていない証拠です。「何かまずいことを言ったかな」「これからどうすればいいのだろう」と自分に関心を向けるのではなく、相手に関心を向け、「相手は今どんなことを考えているんだろう」「どんな状況なんだろう」と考えれば、自然と待つことができるはずです。

質問が返ってこないときに何よりも大事なのは「焦らない」ことです。沈黙に対し、焦ったり不安になったりするのは自然な反応ではありますが、焦っても何もよいことはないのが質問の場面です。質問が返ってこないという状況には何かしらの原因があります。原因があるということはそれを把握することができれば、解決策があるということです。まずは、質問が返ってこないという現状を受け入れ、その要因を探りましょう。要因を探るときには相手を観察することが大切です。

そこまでの関係性があれば、その場の観察だけでなく、これまでの経験からの推察もできるかもしれません。

質問が返ってこない原因としてどういった可能性があるのか、そしてそのときにはどういった対応が考えられるのか、ということを知っているだけでも、質問が返ってこないことを恐れる気持ちが減りますし、結果的に「焦らず」対応することも可能になります。

質問をしたときの相手の反応とその対処を整理してみました（図表9）。観察し、反応を読み違えることもあるかもしれませんが、その場合は、そうではなくてこちらの可能性だったのかと考え、違う対応を試してみてください。

この章のまとめ

①　目的や状況によって質問を使い分けよう。
相手が自由に回答できるオープン質問、簡潔に答えられ相手の負担が少ないクローズド質問、きき手の意図を含めたうえで相手に尋ねるセレクト質問を使い分ける。相手に語ってもらいたい、相手のことを深く知りたいというときはオープン質問、相手の意見や状況を確認したいというときはクローズド質問が原則。

②　相手とのすれ違いを避け、相手に働きかける質問をする。
よい質問・問いかけとは、答えがあるものをきくものではなく、相手のためにきくもの。５Ｗ３Ｈや曖昧な言葉は確認し、行き違いを避ける。アイメッセージで話をきく、相手の感情に着目した質問をするなど、相手に働きかけるのも質問力。

③　質問にはわかりやすさが必要。相手が戸惑った反応を見せたときは落ち着いて対処。
「いつまでこの質問が続くんだろう」「この質問で何をききたいんだろう」と相手が悩むような質問は避ける。質問して返事が返ってこないときは答えが返ってこない原因を推察し、その原因にあわせて対処。

コラム①：マーケティング・リサーチ・インタビューという仕事についたきっかけ

私がマーケティング・リサーチの業界に入ったのは25歳のときです。

2人目の子どもが1歳になる直前の転職でした。よく、なぜこの業界に入ったのか、なぜこの仕事を始めたのかをきかれるのですが、偶然です（笑）。

読者の皆様は、商品やサービスの開発、リニューアルなどが行われるときに、座談会やインタビューが行われており、そこで話に出た一般消費者の意見が参考にされているということをご存じでしょうか。

私は、この仕事を始めるまで知りませんでした。知らない職業には応募できないので、当然ながらこの職業に就きたいと思って転職活動したわけではありません。

当時、転職の募集雑誌か新聞広告（当時はまだインターネットではありませんでした）で、「メーカーの新商品の開発にかかわるアンケートのお仕事です。商品開発の裏側を見ることができ、いろいろな人のご意見をきくことができます」という内容の記事を見かけました。人と関わる仕事がしたいし、新しいことに関われて面白そうだしと何となく興味を持ち、応募したのですが、書類審査でお断りの連絡がきました。

「そっか…残念」と思っていると、少し後に、同じ会社の他の部署から「こんな仕事もあるのですが、いかがでしょうか？」と連絡がきたのです。入社後、話をきくと、最初応募した部署は実は男性を望んでいたそうで、その後応募してきた人の中で女性に連絡を取ったようです。

その募集記事から応募した会社こそ、今でもお世話になっている株式会社ジャパン・マーケティング・エージェンシーでした。後から連絡をいただいた部署がその後、10年以上席を置くことになった定性調査部（当時はＤＧＩ室　※ＤＧＩはディテールド・グループインタビューの略）でした。

書類審査後の面接の場では、まず筆記試験がありました。20年以上前の話なので、記憶が曖昧ですが、身の回りにある何かの商品を取り上げ、それについて感じることを推察を含めて書くといった内容だった気がします。何について書けばいいかわからなかったので、そのとき目の前に出された市販のペットボトルの緑茶飲料について書いた気がします。

この筆記試験の場所、グループインタビュールームというマジックミラーがあり、こちらからは面接担当者の様子は見えないが、面接担当者からはこちらの様子が筒抜け、という部屋でした。そんなこと当時は知らず、後からその文章を書きながら唸っている様子を裏で見られていたのか…と焦った記憶があります。

その後の面接でも何をきかれたのかあまり覚えておらず…ただ、面接の最後に面接を担当していただいた偉い方に不躾ながらも「私は、誰と一緒に仕事をするかも仕事を選ぶうえで大事にしていて、皆さんと一緒に働きたいという気持ちになりました」と偉そうにコメントしたことは覚えています（苦笑）。

大学は社会科学系の学部で、卒論では社会全体で子育てを行うという視点で市場調査やインタビューも行ったので、本当は関連があったのかもしれませんが、大学での勉強にはあまり積極的ではなかった私にとっては初めてのマーケティングとの接点、リサーチとの接点、モデレーターとの接点となりました。

面接後、比較的すぐに連絡が来ました。面接の日、私の前に面接した人がとても優秀な人で、彼女に正社員の採用は決まっていたものの、これまでの経歴が何だか面白そう、相手を緊張させるような美人ではない（失礼な・・・いいけど・・・）、表裏がなさそうな笑顔を見せるといった理由で、時給単位の契約社員であればという条件つきでの採用でした。時給1000円から私のマーケティング・リサーチ・インタビュアー（モデレーターといいます）としての職業人生はスタートしました。

ちなみに、そのとき正社員採用だった彼女はその後同期として心の支えになってくれました。途中で道は分かれましたが、彼女がいなければどこかで心が折れていたかもしれません。ありがとう。

第4章　質問で相手との関係性をつくる

1　距離を縮める質問の流れ

マーケティング・リサーチ・インタビューの質問の流れ

マーケティング・リサーチ・インタビューでは、初めて会う人やほとんど面識がない人を相手にインタビューをします。対面のインタビューでの本題に入る前までの標準的な流れをご紹介します。距離を縮めるためのテクニックのヒントが含まれています。

【挨拶】

「おはようございます」「こんにちは」「お待たせしてすみません」など、相手に近づきながらにこやかな笑顔とワントーン高めの声で自分から声をかけます。

【お互い着席して雑談】

「今日暑いですよね」「この部屋空調は大丈夫ですか」「場所わかりましたか」といった声かけや質問をします。

インタビューの場ではこちらが場所を指定してもらうことが多いので、空調や荷物置き場の確認など、快適に過ごせる空間になっているかの確認も行います。

【インタビューを実施するにあたっての確認】

インタビューでの約束事や進行状の注意点を伝えます。できるだけ平易な言葉で、共感できるワードを含めつつ伝えます。

例えば、グループインタビューのときのお願い事として、「自分が元々持っていた意見だけでなく、他の人の発言をきいて思いついたことも積極的に話す」というのがありますが、「普段の生活の中でも他の人の話聞いて、あ、自分もそう思っていた、言われて気づいたけど私はこうかも、みたいなことあったりしませんか？　そんな感じで他の人の話をきいて思いついたことがあったら教えてください、うなずいたり、首ひねったりでもＯＫです」といった言葉で伝えます。

【相手のプロフィールの確認】

「普段の生活からお伺いしていきたいので、同居の家族構成を教えてください」から入り、続いて「お仕事は、趣味は」と尋ねていくことが多いです。インタビューの場合、相手の名前、年齢、家族構成、職業といった基本属性はあらかじめ手元に情報としてあることがほとんどですが、ご本人から語ってもらいます。「今●時ですが、普段これくらいの時間はどんな風に過ごしていますか」といった質問で生活の一部を切り取ってもらうこともあります。

ここまでの流れを終わってインタビューの本題・テーマに入っていくことが標準的な流れとなっています。

答えやすい質問でポジティブな関係性をつくる

最初の挨拶は、笑顔と少し高めのトーンが基本です。高めの声のほうが明るい、爽やか、快活といった印象を与えます。自分が相手を迎え入れる側の場合、来てくれたことの感謝を伝え、その場が話をするのに適した空間になっているかを確認します。

初対面の人やあまり関係性ができていない人との最初の会話は相手がＹｅｓで返せる質問から始めることがおすすめです。

「今日暑いですよね」といった挨拶や「もし空調が暑かったり寒かったりしたら言ってくださいね」といった簡単なお願い事はＹｅｓが返ってきやすい質問です。

自分が答える側になったとき、「そうですね」とか「わかりました」と返せる会話のほうがポジティブな気持ちになりませんか。

自己紹介の最初に趣味をきくのは、自分の好きなことを語ってもらい、ポジティブな気持ちになってもらう仕掛けの1つです。趣味ときくと「特にありません」と返ってくることもあるので、「趣味や関心があることなど何でもよいですよ」とお願いすることが多いです。

会議やワークショップを始めるときには、最初の挨拶としてスリー・グッド・シングスというワークを入れることがあります。

直近で起こったポジティブな出来事を3つずつ紹介するワークです。ポジティブな会話をすると、ポジティブな気持ちになれるという効果を使っています。

自己開示で相手との共通点を探る

マーケティング・リサーチ・インタビューの場合、インタビュアーはあくまでも黒子なので自分の話はしないのが原則です。私は子どもがいて猫を飼っていますが、同じ年代の子どもがいる人や猫を飼っている人がいたとしてもインタビュー中に「私も」とは言わないことがほとんどです。人はつい同じ境遇だと言わなくてもわかってもらえるのではと期待し、多くを説明することを省いてしまいます。「子どもが受験で大変で」という人に対し、「うちの子も受験生なんです」というよりは、「私受験のことわからないので、どう大変なのか教えてください」と言ったほうが多くの情報を相手が語ってくれます。リサーチ・インタビューは相手から情報をどれだけ引き出すかが目的なので、自分のことは話さないのです。

相手との距離を縮める目的の場合は異なります。質問ばかりしてくる人を想像してください。「趣味は何ですか」「これについてどう思いますか」「何がしたいですか」質問する人と答える人が固定化していると、答え続けている側が「この人質問ばかりで何がしたいんだろう？　そんなに私のこと知ってどうするんだろう？」と違和感を持ちます。

返報性の原則という人間の心理があります。相手から何かを受け取ったときにこちらも同じようにお返しをしないと申し訳ないという気持ちになる心理効果のことです。質問をすることは相手の自己重要感を高めることになります。相手も自己重要感を高めたお返しとして質問をしたくなることが多いです。

違う視点として、自己開示に抵抗を感じる人もいます。特にあまり親しくない間柄の場合は、自己開示をすることでどのように思われるか不安、その情報をどう使われるか不安といった自己防衛の心理が働きます。その場合、相手も同程度の情報を開示してくれたらどうでしょう。不安がある関係性の場合は、自分のほうから開示し、返報性の法則で、情報を打ち明けてくれたのだから同程度に自分のことを伝え返したくなる心理を利用することもできます。相手も包み隠さず話してくれたのだから自分も話そうという気持ちになり、お互いに心を開きやすくなります。

自己開示をしてもらえると、自分との共通点を探しやすくなります。類似性の法則といい、自分と共通点がある人に対しては親近感を持ち、好感をいただきやすい傾向があります。私は佐賀県出身ですが、佐賀県出身の人に出会うと勝手に親近感をいだき、よい人に違いないと思ってしまいます。共通点は出身地だけでなく、年代、住まい、家族構成、趣味や関心の対象、服装、何でも構いません。

相手を観察しながら質問をする

質問をするときには、質問・傾聴以外に観察も重要です。質問の基本は、相手の反応を見て対応することです。

どんなによい質問を考えたとしても、相手がその質問を受け入れる状態でないときに質問しても、意味を持たないものになります。

3章で紹介した「よい質問とは」の問いに対するコメントの中にも、「相手が話したくなる」「相手の感情にアクセスする」「相手が答えやすい」といった回答がありました。

質問に対して相手が黙っている、そんな同じ状況が起こったとしても、相手が考えている途中なのか、興味がないのか、相手の反応を観察することで次に投げるボールが変わります。投げないという選択肢も出てくるかもしれません。相手の反応を見ずに投げる質問は、独りよがりな質問で相手のための質問ではありません。

ここまでの流れを、図表10にしました。導入ではポジティブに何を話してもよい雰囲気をつくる、相手に疑問や不安を持たせないようにする、相手の反応も見ながら必要があれば自己開示をするといった点がポイントです。初めての人と話す機会があった場合、参考にしてみてください。

【図表 10　初対面の相手との会話の流れ】

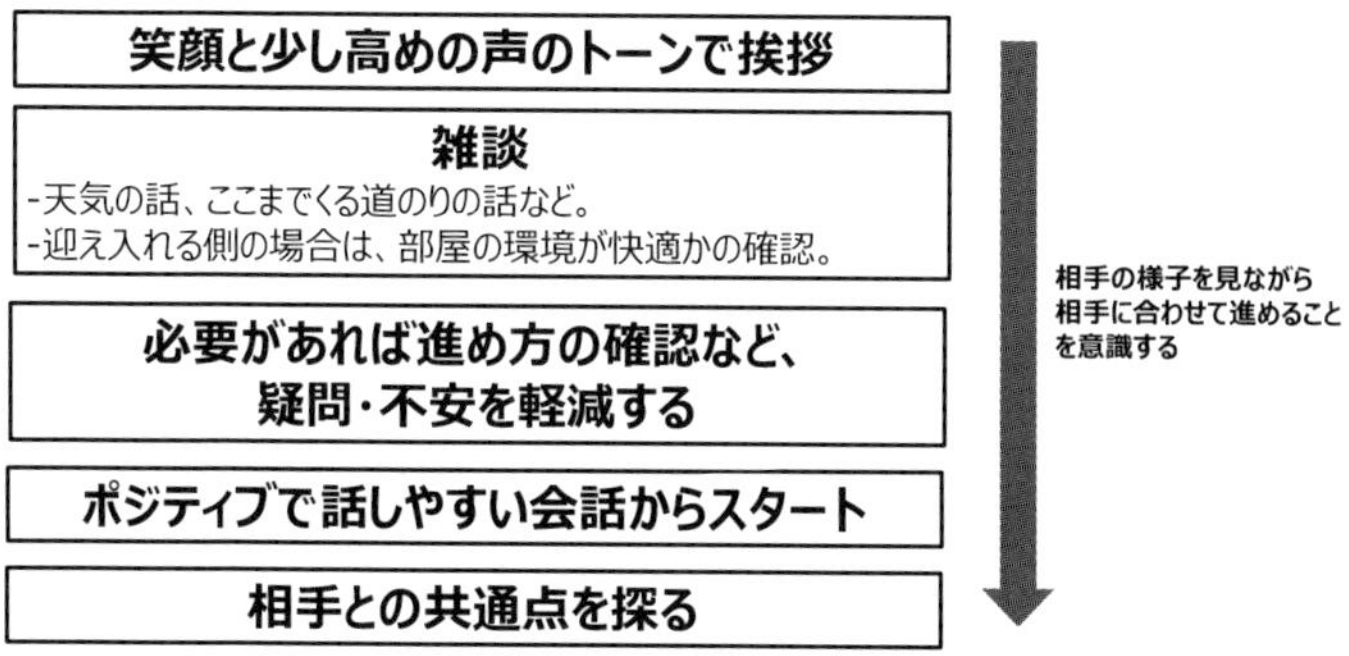
笑顔と少し高めの声のトーンで挨拶
雑談
-天気の話、ここまでくる道のりの話など。
-迎え入れる側の場合は、部屋の環境が快適かの確認。
必要があれば進め方の確認など、疑問・不安を軽減する
ポジティブで話しやすい会話からスタート
相手との共通点を探る
相手の様子を見ながら相手に合わせて進めることを意識する

2　オンラインで距離を縮めるには

オンラインで難しい雑談

インタビューの参加者に対しても、顧客に対しても、対面でお会いする場合は、会場に迎え入れるとき、一緒に会議室に向かうとき・帰るときなど雑談のタイミングがあります。顧客の場合はそこで「最近どうですか？」という情報収集ができたりもします。

オンラインの場合、この打合せ前後の雑談の時間は少なくなります。すっかりオンライン会議が定着し、ギリギリにアクセスすることや終了後すぐに予定を入れていることが多くなると、余分な時間はますますなくなる傾向があります。

時間ギリギリにつないで、始まるまではカメラもマイクもオフ、時間になったらでは始めましょうかと本題から入り、終了後はすぐに退席してブツッと接続が切れるので自然と雑談が発生することは難しい状況です。

オンラインだからこその声掛け

オンラインの場合に、距離を縮める方法はあるのでしょうか。

インタビューのときには、「きこえていますか？　見えていますか？　この後もきこえなかったり、見えていなかったりしたらきこえないです、見えていないです、と教えてくださいね」と声をかけたりします。

会議の場合も資料共有のときに「見えてますか？」と声をかけるなど、対面のとき以上にこまめに声をかける・確認することは意識します。相手がうなずいたときに「反応ありがとうございます！」と声をかけることも行います。

対面以上にノンバーバルで伝えることが難しいので、声を出すようにすることは意識しているかもしれません。

社内会議のときはチェックインといって最初に参加者全員に口を開いてもらうことも有効ですが、顧客との打合せはなかなか難しい…先にビデオやマイクをオンにしておいてこちらから声をかけるということは行いますが、なかなか雑談の時間は取れていないのが実情です。

毎回は難しいですが、打合せが早めに終了したときなど、「余談ですが…」と話をするネタを用意しておき、意識的に雑談の時間をつくることが必要になります。

オンラインのほうが距離を縮めるのにやりやすい点もあります。オンラインだと相手の名前が画面上に表記されており、わかりやすいことが多いのではないでしょうか。

距離を縮めるテクニックの１つに相手の名前を呼ぶというものがあります。「●●さんがおっしゃるとおり」「●●さんどうお考えですか？」など、名前を呼びながら話しかけるのは、名前を覚えるのが苦手という人ほど、オンラインのほうがやりやすいと思われます。

3　質問を進めるときの注意点

専門用語を使わない

マーケティング・リサーチの世界では、コンセプト、プロダクト、ポジショニング、ターゲット、デフォルト、コンセンサス…カタカナ言葉をよく使いがちです。お互いその言葉がニュアンスも含めて（ニュアンスも微妙なワードですね）共通言語であることがわかっている場合はよいのですが、そうでない場合、カタカナ言葉は避けたほうが無難です。

他にもプロジェクト、レビューなど業界でよく使うカタカナ言葉があるはずです。その言葉を使わないのであればどう表現するのがよいのか、考えてみてもよいかもしれません。ChatGPTにきいたり、インターネットで調べたりしても、言い替えの言葉はたくさん教えてくれます。

戦略的に専門用語を使うときもあります。権威づけをしたかったり、専門家であることを誇示したりする必要がある場合です。絶対にダメではなく、時と場合によってどちらの言葉も使えるのが理想です。

わからないときは素直にわからないと言う

20年以上の前の私のインタビュアーとしての失敗談です。インタビュアーとしてデビューして半年も経っていないときです。音響機器を商材とした1対1のインタビュー、相手は50代の男性でした。

いつもどおり、「思ったことを何でも話してくださいね」といった挨拶をしてインタビューを開始したのですが、途中からなかなか話をしてくれません。「どうやって音響機器を選んでいるんですか」「商品のどこを見ているんですか」ときいても、「そんな話してもね、あなたわかんないでしょ」といった反応。あなたに話してもね…という態度を取られ、質問をしてもまともに答えてもらえず、という流れでインタビューが予定の半分程度の時間で終了し、悔しくてインタビュー終了後、裏で泣きました。20年以上やっていますが、インタビューができなくて悔しくて泣いたのはその1回だけです。

今になって考えると、その方の気持ちもわかるのです。音響機器について、いかにも何もわかっていなさそうな、明らかに自分よりも若い、新人っぽい女性から根掘り葉掘りいろいろきかれることが嫌だったのでしょう。自分が好きでこだわりがある商材だからこそ、わかっている人に話したい気持ちがあったのかもしれません。

経験を積んだ今だったらどうするか。20年前の私は、インタビューの専門家としてしっかりきかなくてはいけないと思ってインタビューのときに使う質問が列挙されたインタビューガイドの中にある専門用語も含まれた質問を一生懸命繰り出していました。今同じような展開になったら、「私自身、音響にこだわるという発想がなくて、知識もなかったのでスピーカーについて調べてみたところ、メーカーによって特性が異なるようなのですが、正直ピンとこず、●●さんはメーカーによる違いってどう思われていますか？　教えてもらえると嬉しいです」など、知っているふりをするのではなく、「わからないので教えて欲しい」というスタンスを取るかと思います。そのようにきければ展開が違ったのかもしれません（変わらなかったかもしれませんが）。

ただ、最初からわからなくてもよいと開き直るのは違います。できる下調べをして、そのうえでここまでは調べたのですが、こういうところがわからなかったので教えて欲しいということがビジネスの場面で質問するうえでのマナーです。

切り込んでいいのか迷うときは許可を取る

私はシングルマザーですが、「ご主人は？」ときかれて「シングルなんです」と答えると様々な反応が返ってきます。「ごめんなさい」と謝られることもありますし、「いつから？」など次の質問を受けることもあります。「理由きいていい？」ときかれることもあります。

私の場合、本人は気にしていないので何をきかれてもよいのですが、「この質問きいていいのかな？」と迷う場合は、質問を飲み込むか、「きいていい？」と許可を取るほうがよいのかなと思っています。「いいですよ」と許可を出してからきかれるのであれば、きかれたほうも納得感がありますが、きいていいのかなと恐る恐るきかれるとかえって反応しづらくなりますし、だからといって不躾に何でもかんでもきかれると抵抗を感じそうです。

家族の話、病気の話など人と話をしていると深くきいてしまっていいのか悩むシーンが出てきます。きいていいのか、失礼にならないのか、その答えを持っている人は誰でしょう。質問に答えるお相手ですよね。

もちろん、常識的にきかないほうがよいかなと思うことや、きくリスクを冒す必要がない場合はきかないほうがよいですが、悩むけれどもきけるのであればききたい、きく必要があるという場合は、悩んでいる気持ちを口に出して相手にゆだねてみることをおすすめします。

4　ポジティブな会話を心がける

リフレーミング

リフレーミングとは、物事の枠組み（フレーム）を外して、違う枠組みで物事を見ることを指します。元々は家族療法の手法ですが、新しい視点を獲得したり、前向きに物事を考えることでどのような出来事にもプラスの側面があると気づくのに有効です。この考えは先ほど紹介したＡＢＣ理論とも通じるところがあります。

その出来事や状況、意識の他にどんな意味があるのか、他にどんなプラスの価値があるのかを考えて枠組みを変えていきます。リフレーミングによって、状況の受け止め方を変えていくこともできますし、個人の悩みの受け止め方を変えていくこともできます。

相手がネガティブな状況になっているとき、会話の途中でこのリフレーミングを入れると相手に気づきを促すことができ、ポジティブな会話に持って行くことができます。

＜リフレーミングで状況の受け止め方を変える＞

・忙しい↓仕事にめぐまれている
・難しい課題がある↓成長のチャンス
・失敗した↓次の成功に活かせる方法を見つけた
・上司から叱られた↓期待されている
・希望していない部署に配属された↓自分では気づいていない適性に気づける機会
・体調を崩した↓休息・自分のことを大切にする機会

＜リフレーミングで個人の悩みの受け止め方を変える＞

・完璧主義↓理想像がある
・他の人と意見が合わない↓他の人にはない視点を持っている
・気が小さい↓慎重、繊細
・意志が弱い↓柔軟
・飽きっぽい↓好奇心旺盛、フットワークが軽い

まずは受け止めることが第一

ただ、相手がまだ話をとりあえずきいてもらいたい気持ちのときに、無理やりポジティブな会話に転換してはいけません。人は悩みを吐き出すことや、とことん話すことで、ゆっくりとポジティブな気持ちになっていくこともあります。

話し手Ａ】 昨日仕事で書類のミスに気づかずお客さんにそのまま提出しちゃって・・・上司に数字を確認するのは営業の基本だって怒られたよ・・・。
○Ｂ１】そっか・・・そんなことがあったんだ・・・。
×Ｂ２】上司が怒るのは期待の表れだよ。普段から期待されているんじゃない？

話をきくときの順番としては、まずは共感と受容です。ひととおり話をきいて、相手が自分の気持ちを吐き出せたうえで、落ち込んでいるだけでなく前向きになってもらいたいと思ったら、リフレーミングを使ってみましょう。

相手にポジティブな気持ちを伝える

「具体的に知りたい」「興味があるのでもっと詳しく教えて」「面白い、もっとききたい」などは、相手の意見を大事にしていることを伝えることができる質問の一例です。

質問をするときには、相手がポジティブな意識を持てる質問を心がけます。「それをして何の役に立つのですか」というきき方は何の役にも立たないと思われているのでは、と受け止められる可能性があります。「それをすることでどうなれそうですか」といった質問のほうがその価値を前向きに語ることができます。

「なぜ」を問うとき、他にも、ネガティブに受け止められる可能性がある質問があります。「なんでそれをやらないの？」「これまで何をやっていたの？」「いつもそんな感じなの？」「本当にやるの？」といった質問には、攻撃的な意味合いや批判的な意味合いを感じられます。詰問になっていますね。子どもや家族に対して使ったことがあるかもとハッとした人もいるのではないでしょうか。まずは身近な人への質問から振り返ってみてもいいかもしれません。

5　心理面のマネジメント

自分の心理面を安定させる

緊張は移ります。自分が緊張している状態で相手に対峙すると相手も緊張します。自分の心理面を安定させるためには、自分の感情を正直に認識しましょう。

感情から目を背けるのではなく、受け入れることが第一歩です。私自身が緊張しているなと思うときには相手に「緊張しますよね」と言ってしまいます。

不思議なことに口に出してみるとかえって気持ちが落ち着きます。不安になっていたり緊張したりしているときこそ、背筋を伸ばしてしっかりと相手を見ましょう。形から入ることで気持ちがついてくることがあります。

緊張やストレスを緩和し、冷静な状態に戻れる自分なりの方法を見つけておくのもおすすめです。私はお腹の丹田のあたりに意識を集中させゆっくりと深呼吸をし、頭と心と体が一体になっているイメージを持つことで気持ちを落ち着かせています。

心理面の安定のためには体調面の安定も見逃せません。適切な休息・運動・健康的な生活が大切です。ストレスがたまると感情が不安定になりやすく、自分が不安定な状態だと相手に意識を向けることは難しくなります。時間に余裕を持つことも重要です。時間の圧迫は感情の不安定さを引き起こすことがあります。

相手のための質問を意識する

相手との関係性をつくる段階で必要な質問は、自分がききたいことをきく質問ではなく、相手が話したいことを話してもらう質問です。相手が好きなこと、大切にしていること、逆にモヤモヤして話をきいてもらいたいと思っていること、そういったことすべてを誠実にきいてくれる人に対しては、自然と距離を縮めたいと思うのではないでしょうか。

話をきいているとどうしても自分がききたい気持ちのほうが先に出てきます。そこはちょっと抑え「相手は何を話したいんだろう」というほうに意識を向けてみる。自分がききたい質問をするのは、相手の話がひととおり落ち着いてからでも大丈夫です。

「自分がききたいことをきく」つまり自分が期待する答えを求めるのは、質問ではなく尋問や詰問です。

仕事上でも、この人だったら手伝ってあげたいと思ってもらえる人になるかどうかが結局は重要だったりもします。質問は信頼関係を貯金していける方法の1つです。

6 誤解の回避と修復

誤って伝わっていると思われるときの対処法

行き違いや誤解が生じたときには、素早くかつ効果的に対処することが重要です。では、どのように対処すればよいのでしょうか。いくつかの対処例を挙げておきます。

・確認し、フィードバックを求める

相手に対して自分の理解を共有し、それが正しいかどうかを確認します。

「●●というつもりでお伝えしたのですが、伝わっていますか？」

「●●と理解しましたが、合っていますか？　もし違っていれば教えてください」

・誤解が生じた原因を特定する

まずは誤解が生じているのでは、という疑念を確認し、その原因と思われる要素を挙げていきます。

「誤解が生じているのではないかと思っているのですが、もしかしたら●●だと思われていませんか？」

誤解が生じている原因が特定できれば、その点についてもう一度しっかりと対話をすることが重要です。誤解が生じた原因としては、言葉の選び方・受け取り方、情報の不足、コミュニケーションスタイルの相違などがありえます。

より具体的に相手が理解している内容を確認してみましょう。

・他のコミュニケーション手段を活用する

言葉だけではなく、図や図表を示したり、具体的な事例を提示したり、他の手段を使用して理解を深めます。

「図で示しているこういうことをお伝えしたかったんです」

質問に対し不快感を持たれたときの対処法

この対処法はシンプルです。まずは謝罪します。「もし私の言葉が誤解を招いたら申し訳ありません」

そのうえで理解を修復するための努力を示します。「もう一度説明させてください」できればその場で違う質問を投げることができたほうが、お互い次に向かいやすくなります。

誤解が生じたときの対応こそ、誠実さが求められます。そこで誠実に対応できれば、信頼感を損ねることにはならない場合がほとんどです。

この章のまとめ

① ポジティブな質問と共通点探しで相手との関係性をつくる。
初対面や関係性がまだできていない場合は、挨拶や答えやすい質問、ポジティブな質問から入る。相手との関係性をつくるためには自己開示も大切。共通点が見つかると距離が縮まる。

② 専門用語の使用や知ったかぶり、不躾な質問には要注意。
ついつい使っている専門用語や業界用語は相手との共通語として成立しているか気をつける。わからないときはわからないという、踏み込んでいいか迷ったら許可を取るといったことも忘れずに。

③まずは受け止めたうえでポジティブな会話を。あらぬ方向に進んでも誠実に対応すれば大丈夫。相手の話をまずはそのまま受け止め、そのうえで必要があればリフレーミングでポジティブな会話に。思いがけない方向に受け取られてしまった場合も、誠実に対応すれば関係性は崩れません。

コラム②：マーケティング・リサーチ・インタビューという仕事

モデレーター（インタビュアー）としての仕事は、顧客から仕事を依頼されるところから始まります。題材・商材、話をきく対象者、日程などがおおむね決まっている段階で、「こんな調査を考えているんですが空いてますか？」と依頼が来ます。仕事を受けられますという場合は、そこで顧客からインタビューの目的やききたいことが共有されるオリエンテーションがあります。インタビューフローというインタビューのガイド（進行表）を作成します。話をきく相手を集めることをリクルートといいますが、それはリサーチ会社に担っていただきます。インタビューフローのたたき台をつくると、それを元に依頼主と話し合います。もっとこんなことをきいて欲しい、ここを重点的にきいて欲しい、これを見せて評価を取りたいなどの要望をきき、それを再度インタビューフローに反映します。

ここまでがざっくりとインタビューの事前準備になり、当日はインタビューに臨みます。

1つのジョブで話をお伺いする人数は、1対1のデプスインタビューの場合1人当たり60分のインタビューで10名程度、グループインタビューの場合4～6名を1グループとし、2時間のインタビューを4グループ程度ということが多いです。

1日にできるインタビューの人数は60分のデプスインタビューの場合5人程度。6～7人で行うこともあり、1日に7時間以上かけて人の話をきいていることも。体力も大事な仕事です。

当日のインタビュー終了後は、デブリーフィングといい、インタビューの所感を関係者同士で話し合います。インタビューの結果どういうことがわかったのか、どういう考察が成り立つのかを関係者で話し合います。定性調査の場合は解釈が人によって異なるため、その解釈の共有やすり合わせをするという行程が重要になります。

インタビューの結果は、モデレーターがレポートとしてまとめることもありますし、依頼主が自らまとめるケースもあります。モデレーターがまとめる場合は、発言録という当日のインタビューの筆記録を元に発言をまとめたり考察を加えて提案を記載したりします。

最初のオリエンテーションからインタビュー当日までが2～3週間程度、インタビュー終了後、レポート作成までが2～3週間程度といったケースが多く、こういった流れを同時並行でいくつかのジョブを扱いながら、進めている形になります。

第5章　相手のニーズを引き出す質問力

1　ニーズとは

ニーズ（Needs）とは、消費者や顧客が持つ商品やサービスに対する欲求や要望のことです。

本書では、顧客がどういった商品やサービスを求めているか（どういった商品であれば買ってくれるか）、部下が会社にどういったことを求めているのか（どうすればやりがいを持って働いてくれるか）などもニーズとして捉えています。

顧客のニーズを把握し、それに基づいて商品やサービスを開発・提供することが顧客満足度の向上や競争力を高めることにつながります。社員のニーズを把握し、それを人員配置や育成プランに活かしていくことが社員の定着率を上げることや会社へのロイヤリティーを高めることにつながります。

2　質問するときに必要な姿勢

相手も自分自身のニーズは上手く言葉にできないと理解する

マーケティング・リサーチのインタビューでは、このニーズを探る質問をよく行います。仕事の依頼先からは、この商品がどうなれば買ってくれるのか、もっとどうして欲しいのかきいてというオーダーをもらうこともありますが、なかなか「もっとどうなって欲しい？」という直接的な質問ではニーズは出てきません。

ニーズを探るのが難しい理由はいくつかあります。まず、相手が自分のニーズを充分に認識していない場合があります。特に基本的な欲求（飲食でいえば、おいしさなど）が一定水準で満たされている場合、それ以上の自分の欲求や必要性ははっきりと認識できていないことがあります。

「何か食べたいものある？」「何か欲しいものある？」ときかれて即時には出てこないこともあるのではないでしょうか。ただ、人の欲求は本来際限なくあるものなので、本当は欲求があるはずです。

その証拠に、特に欲しいとは思っていなかったにも関わらず、店頭で見かけたときに人にすすめられて買ってしまったという経験を持っていませんか。それこそ、自分ではっきりと認識していなかった隠れたニーズが刺激されて、購買行動に至ったということです。

ニーズを認識することが難しいことに加えて、言葉で表現することが難しい場合もあります。ニーズは感情や抽象的な概念に関連することがあり、それを的確に言葉で表現することは容易ではありません。特に新しいアイデアや製品に対するニーズなど、現状で世の中にないものに関して言葉にするのは困難です。

質問や傾聴によって相手との距離を縮め、信頼関係を構築した後であれば、ニーズを尋ねるシンプルな質問、「どういったものが欲しい？」「何を求めている？」で相手のニーズが出てくる場合もあります。

そのときにも、一言目で出てきた言葉だけでなく、そこから具体的に質問で掘り下げていくことが必要となります。本章ではその具体的な質問の考え方をいくつかお伝えします。

自分が欲しい答えを求めない

何度かスキルとマインドの話をセットでお伝えしていますが、ニーズを引き出すという点で大事なマインドは、自分が欲しい答えを求めないということです。

マーケティング・リサーチ・インタビューでも、相手のニーズを引き出すときには角度を変えた複数の質問を投げかけます。

後述しますが、あらかじめ目的や仮説を持ってインタビューに臨むので、こういうニーズを引き出したいというものがある場合もあります。

「このカテゴリーは現在疲労回復を求めて商品を買っている人が多いが、ユーザーが弛緩ニーズを持っているのか、そのニーズをこのカテゴリーに期待しているのかを知りたい」というオーダーがあったとします。

その場合、狙いどおりに弛緩ニーズが出てきた場合、きく側はつい「やった！　出てきた！」と思ってそこできくことをストップしてしまったり、そこだけ意図的に深掘りしたりしがちです。

きき手】 Xという商品、何を期待して利用をしているんですか？

【話し手】やっぱり疲労の回復ですかね。

【きき手】(きき手の心の声：出てきた、疲労回復。やっぱり、ということはそれがカテゴリー価値として当然だと思っているんだな)

なるほど～。どんな風に回復している感じ？

【話し手】回復しているというよりは奮い立たせている感じ、かもしれないです。根本的な解決ではなさそう。根本的に解決できる方法とかあるんですかね。

【きき手】なさそう、と思っているんですね。ちなみに、どんな風に回復することができたらいいな、とかあります？

【話し手】う～ん、奮い立たせるというよりは緩める感じで回復できるといいですよね。

【きき手】(きき手の心の声：わっ、弛緩要素出てきた。いい感じかも)

例えばそんな緩める感じで回復できる商品があったらどうだろう？

【話し手】使ってみたいですね。

「根本的に解決できる方法」「奮い立たせるというよりは緩める感じ」のあたりのイメージを本当はもう少ししっかりと確認できればよかったのでしょうが、キーワードが出てきたと思って深めるのが足りなかった例です。

「緩める感じ」といっても、「温泉に入ったときのような温かい感じ」「布団に入ったときのような包まれる感じ」「何もしないでだらっとしているような抜けた感じ」いろいろ方向性はありそうですし、そこまでわかってこそ相手のニーズがわかったといえる気がします。

逆に、いつまで話をきいてもなかなかこちらが期待する答えや反応が出てこない場合もあります。お客さんとのやり取りでもあるかもしれません。こんな反応してくれたらすすめやすいのにと思っているときに限って、その反応を見せてくれなかったり。そのときには、「この人はターゲットではないいな」「攻めても無理だな」と諦めるという策もありますが、「なぜこの人からは期待しているようなニーズが出てこないんだろう?」この人のニーズは●●で、それは●●な特徴が背景にあるからだというところまでわかると今後の戦略に応用しやすくなります。

自分が欲しい答えを求めて話をきいていると、つい、求めることが出てきた、出てこなかった、と0か100かで考えがちです。

ニーズを引きだすという意味合いには、「もしかしたら●●かもしれない」「●●な傾向があるかもしれない」という0と100の間のふわっとした憶測がヒントになる可能性もあります。

ただし、フラットに相手のニーズを知ることが目的ではなく、相手からニーズを引き出し、「そのニーズであればこの商品が満たせますよ」と商品を提案するのが目的という場合もあります。

自社の商品を売り込みたい場合は、「●●というニーズが顧客の口から出てくればこの商品を求めてくれるはず」という仮説を持ち、そのニーズを顧客が口にする方向に誘導していくことや、そのニーズの周辺を探りにいく姿勢も考えられます。

3　質問を広げる・深める

マーケティング・リサーチ・インタビューでの質問の仕方

クラフトビールの新商品Xの開発を進めているメーカーから、「現在クラフトビールを家で飲んでいる人はクラフトビールに対してどのように思っているのかを知りたい」というオーダーがありました。その場合のインタビューを想定します。

【きき手】クラフトビールはどんなときに飲んでいるんですか？
【話し手】夕食時に飲んでいます。
【きき手】そのときの状況を詳しく教えてください。周りに誰がいて、何かをしながらなのかとか。
【話し手】家族は同じ部屋にはいますが、食事の時間は別々なので、自分は食卓でグラスに注いだビールを飲みながら、夕食のおかずをつまんで、リビングで家族が見ているテレビをちらちら見ている感じですかね。
【きき手】そのときってどんな気持ちです？
【話し手】1日お疲れ様って感じですね。のんびり、ほっとする感じです。
【きき手】そのときってクラフトビールじゃなきゃいけないのかしら？

話し手】 あぁ…なんかやっぱり特別感というか、ご褒美感があるんですよね。価格が高いからかな。普通のビール飲んでいるときとはちょっと違うんですよ。

きき手】 どう違うんだろ？

話し手】 普通のビールはもっと、はぁ、終わった！　疲れた！　という感じで、クラフトビールだと自分よく頑張っているな、みたいな感じですかね。価格もありますけど、味もビールはすっきり、爽快で、クラフトビールは味わって飲む感じなんですよね。

質問に着目すると、「詳しく教えて」という言葉で具体的な状況をきき、状況をきいた後は感情をきいて、感情の話を他の商品との比較で深めてきいています。

相手の発言から質問をするときは矢印の方向を意識します。今、相手の発言をもとに深め、少し抽象度を上げている、他にないか横にずらして確認しているなど。

話し手】 最近パソコンの調子が悪くて困っているんですよ。

きき手】 それは困りますね…具体的にどんな感じなんですか？　（深める↓質問）

話し手】 エクセルで作業をした後、ＰＤＦでの保存をしようと思うとエクセルが固まるんです。

きき手】 なんと…そうなったときってどんな気持ちになります？　（抽象度を上げる↑質問）

話し手】 一言でいうとやってらんない、という感じです。作業が止まってイラっとするのもありますが、もう投げ出したくなります。

きき手】 同じように固まるシーンって他にあったりしますか？（固まる、という状態を基準に他の場面をきく、横にずらす→質問）

人のニーズや想いは多面的です。片方の方向からきくだけでなく、できるだけ多方面から切り口を変えて質問をすることを行います。

プロービング

マーケティング・リサーチの世界でよく使うワードです。「今の発言もっとプローブして」、「パッケージの色についての発言があった場合は、色から感じた印象をプロービングします」などと使います。

元々は、探針（たんしん）、外科手術などで傷の深さや状態を調べるために使われる棒状の器具だそうですが、マーケティング・リサーチにおいては、あいまいで不完全な言葉の確認や言葉の深い意味合いを探るために深掘りをすることを指します。

例えば「若者向けですね」との発言があったとき、それが相手によってよい意味なのか・よくない意味なのかを確認するのもプローブです。若者向けで自分の年代に合っている感じがしてよい、自分よりも若者向けで若々しい気分になれそうなのでよいという場合もあるかもしれませんし、若者向けで自分の年代向けではない、若者向けの軽い感じで自分はもっと落ち着いたテイストがよいという場合もあるかもしれません。「若者向けっていっていたけど、それって自分的にはどう？」ときいたり、「若者向けってどういう意味？」と突っ込んだりして真意を確認します。

他にも、「この機械扱いやすそうでよいですね」というコメントがあったとき、「どこからそう思いました？」ときいたり、「扱いやすいとよいことって何ですか？」ときいたりして、扱いやすいの意味を探るのもプローブになります。扱いやすいという言葉は、直感的に使える、操作が理解しやすい、故障が少ない、アップデートがしやすいなどいろいろな意味に受け取ることができます。

顧客がどの意味合いでいっているのかによって製品に求められているニーズを何と考えるのかも変わってきます。

言葉に敏感になり、わかったつもりにならずに確認するというのは、マーケティング・リサーチ・インタビューの場面のみならず、相手のニーズを探りたいというときには必要な姿勢です。

今の言葉、こういう意味かなと思っていてもきいてみると思いがけない言葉が返ってきて、そんなこと思っていたのかと気づかされることもあります。

軸を意識して質問する

質問するときには、時間の軸とストーリーの軸を意識します。

過去・現在・未来の時間軸は、「今どこの話をしているのか」の認識合わせも大事ですし、「過去はどうだったのか」「今後はどうしていきたいと思っているのか」など探ることも有効です。ニーズは、現在の気持ちからだけでなく、過去の痛い経験や心に残る経験、未来への想いなどから探ることもできます。

シニアの方にこれまでの人生について語ってもらったときに（そんなテーマでインタビューすることもあるのです）過去の恋愛で思い切って動けずに後悔したという話をききました。その話を熱く語る様子からは、「動けずに後悔することはしたくない」「悩んだら飛び込んでみたい」というニーズが見られました。

今どこの話をしているのかを意識する意味ではストーリー軸も重要です。話に夢中になっていると、話す側もストーリーが行ったり来たりしている場合もありえますし、筋が通っていないこともありえます。とにかく話してもらえればよい、何か気になる一言がもらえればよいのであればあまり気にする必要はありませんが「どういういきさつでその思いになったのか知りたい」など前後

【図表 11　軸を意識しして質問する】

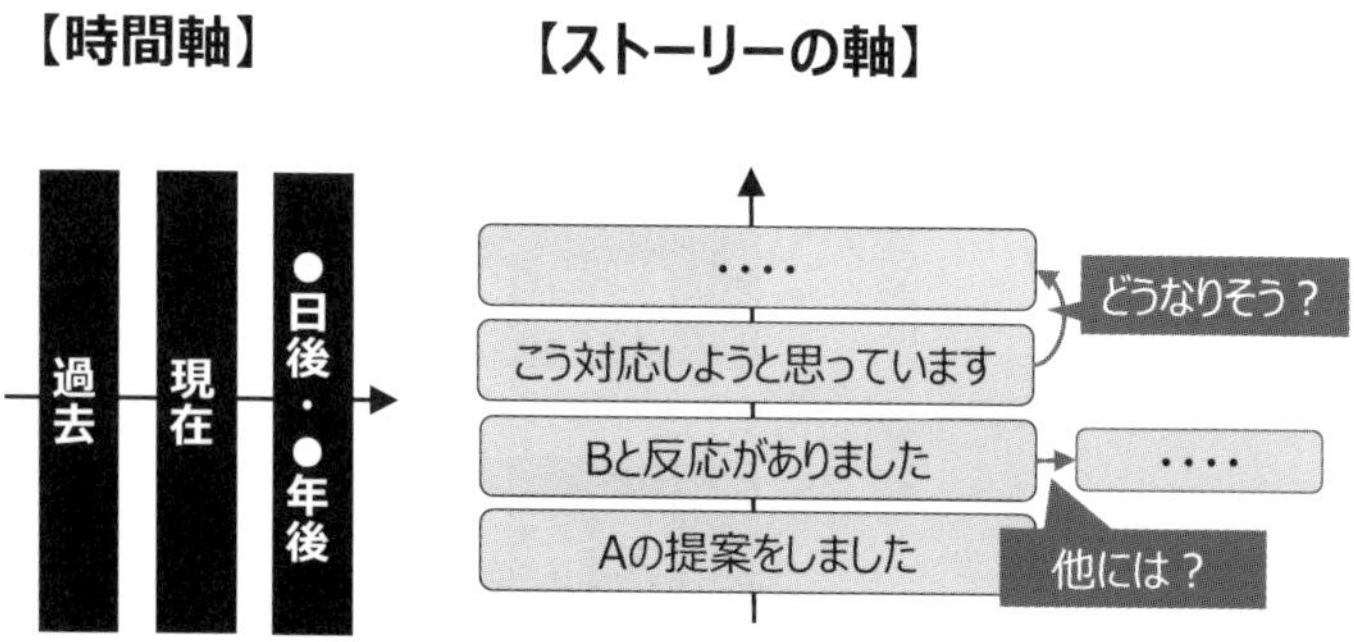

の流れが必要なときは意識します。流れを意識しながらきけていると、話の矛盾や展開のポイントに気づき「そこのポイントでこうすればよかったのでは」という提案もしやすくなります（図表11）。

価値構造の軸を意識する（ラダリング）

ラダリングとは、マーケティング・リサーチ・インタビューの技術の1つであり、製品やサービスに関する消費者のニーズや価値観を理解するために使用されます（図表12）。

基本的なやり方をご紹介します。まず製品やサービスに対する感想や評価をオープン質問で尋ねます。

きき手】　このサービスについてどう思いますか？

「よいと思います・よくないと思います」と評価だけが出てきた場合は、「どうい

【図表12　価値構造（ラダリング）】

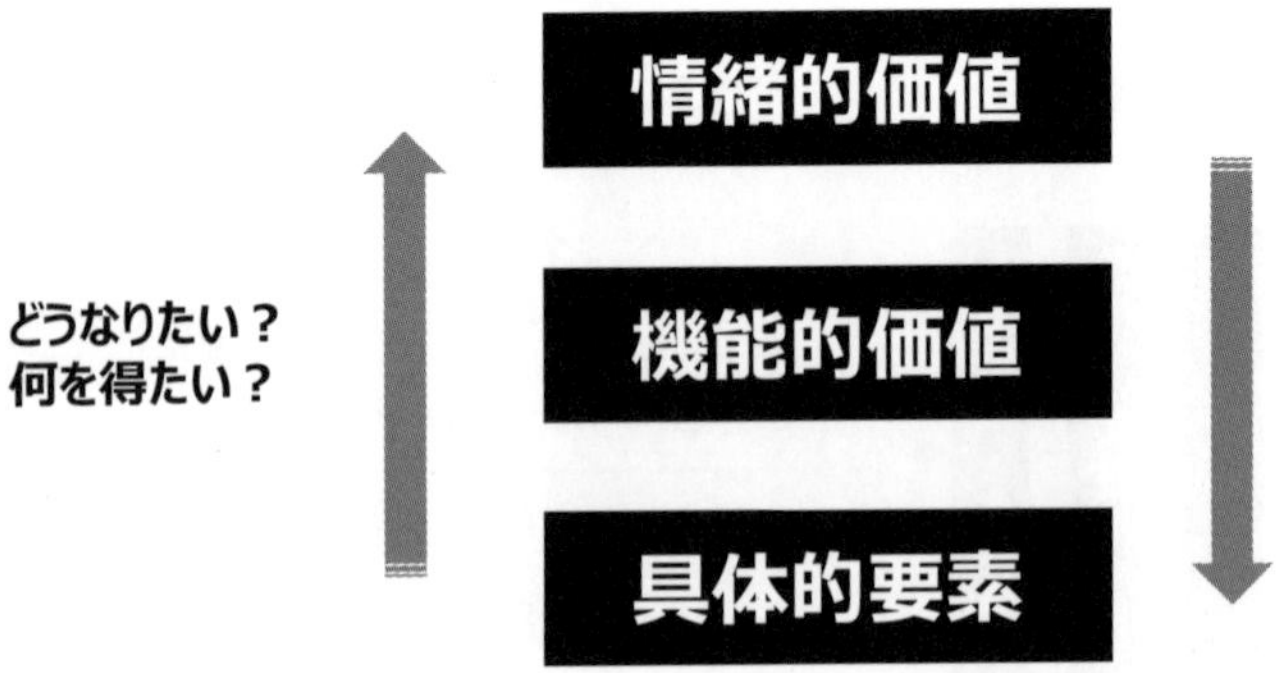

う点でよいと思いましたか？」「どういう点でよくないと思いましたか？」と尋ねます。基本的にはこのラダリングはよい点について使うことが多いので、今回もよい点で挙がった要素を想定します。

話し手】デザイン性が高くてよいと思います。

話し手から挙がった、デザイン性が高いという提示したサービスに感じられている価値を構造化していきます。

きき手】デザイン性が高いというのはどこから感じましたか。
話し手】ロゴがカラフルな点、トップ画面のスタイリッシュなフォントですかね。
きき手】デザイン性が高いとどんなよさがありそうですか？
話し手】人にすすめたときに喜んでもらえそうです。

デザイン性が高いというニーズをどのようにすれば満たすことができるのか（この場合、ロゴのカラフルさとフォントのスタイリッシュさ）、デザイン性が高いということが顧客のどんな価値観を満たすことにつながっているのかというのがわかります。

この相手の情緒的価値や上位の価値観を把握できていると、例えば違うサービスを提案するときも提案がしやすいかもしれません。

4　マーケティングのフレームを使う

3C

マーケティングの3Cは、Company（企業）、Customer（顧客）、Competitor（競合他社）の3つの要素を指します。

この3つは、組織が市場で成功するために考慮すべき重要な側面です。

Company　（企業）　：企業自体の内部状態や能力、資産、技術、ブランド、人材などが含まれます。

Customer　（顧客）　：顧客のニーズ、要望、行動パターン、購買動機などが入

【図表13　マーケティングのフレーム（3C）】

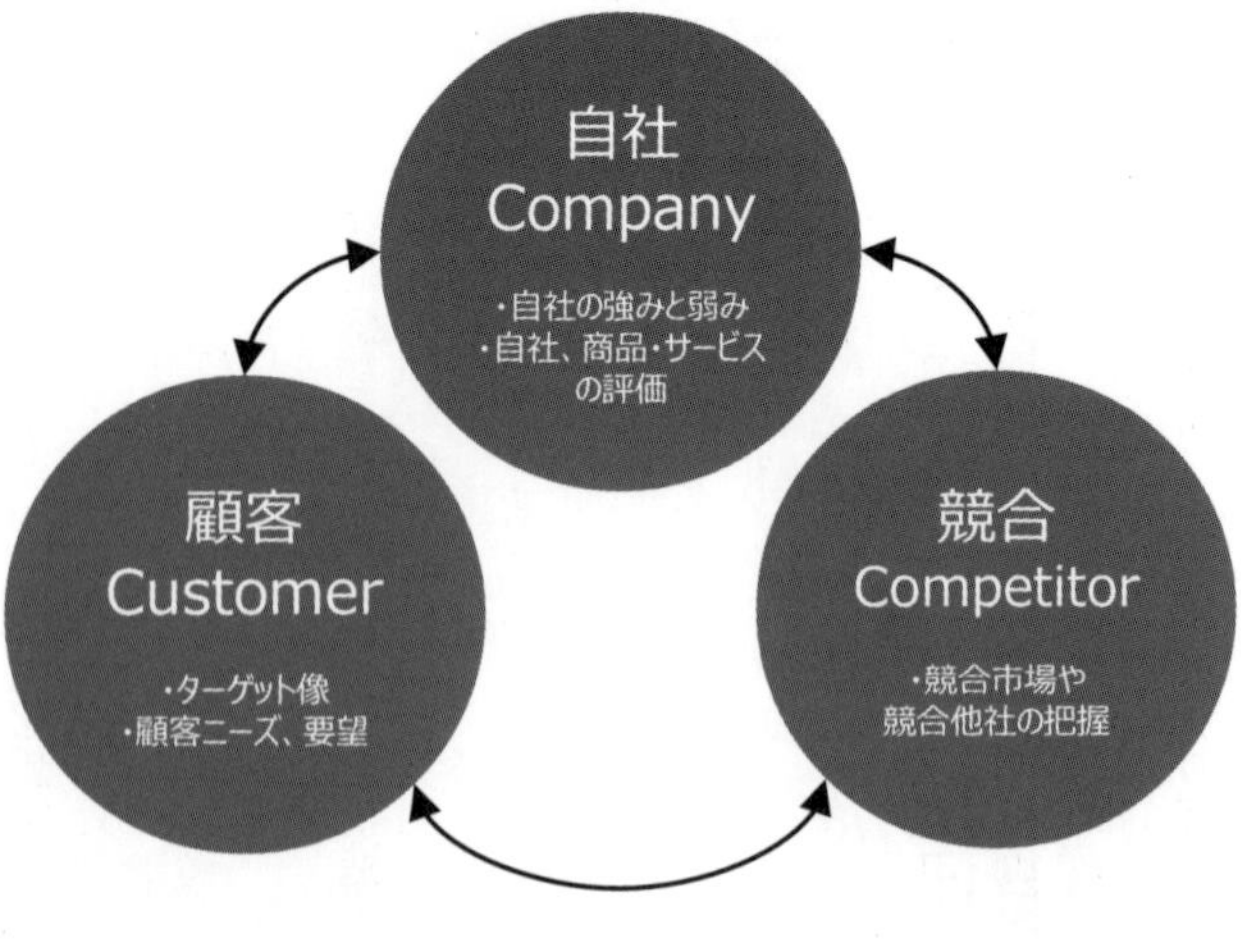

ります。

Competitor（競合他社）：競合市場や市場における他社の動向の把握も、企業が市場での位置を理解し、立ち位置を策定するのに必要です。

３Ｃ分析は、３つの要素をバランスよく考慮することで、組織が市場での成功を目指す際に役立つフレームです。企業は自らの強みを最大限に活かしつつ、顧客のニーズに答え、競合他社との差別化を図りながら、市場での存在感を強化していく必要があります（図表13）。

このフレームを元に質問を考えると、次のような質問が考えられます。

・会社の強み、弱みは何ですか？
・会社のビジョンは？
・どんな人がターゲットですか？
・どんな風に買って欲しいですか？
・競合はどこですか？
・意識している商品やサービスはありますか？

ＳＷＯＴ分析

組織やプロジェクトの状況を理解し、戦略的な意志決定を行うためのツールです。

ＳＷＯＴは　Strength（強み）、Weakness（弱み）、Opportunity（機会）、Threat（脅威）の頭文字を取ったもので、それぞれ組織やプロジェクトに対する内部及び外部の要因を指します。

プラス⇕マイナスの軸と内部環境⇕外部環境の軸の2軸のマトリックスで表します。

強み（Strength）：自社の組織や製品が他社と比較して優れている点を示します。

弱み（Weakness）：自社の組織や製品が他社と比較して劣っている点を示します。

機会（Opportunity）：外部の状況や環境の変化で自社の組織や製品に好影響を与える要素を指します。

脅威（Threat）：外部の状況や環境の変化で自社の組織や製品に悪影響

【図表14　マーケティングのフレーム（SWOT分析）】

	プラス要因	マイナス要因
内部環境	Strength 強み	Weakness 弱み
外部環境	Opportunity 機会	Threat 脅威

を与える要素を指します。

ＳＷＯＴ分析は、市場状況や競合状況を把握し、効果的な戦略の策定に役立つフレームです（図表14）。

これを元に質問を考えると、次のような質問が考えられます。

・あなたの（あなたの製品の）強みは何ですか？　他と比べて優れている・自慢できると感じる点は？
・あなたの（あなたの製品の）強みは何ですか？　他と比べて課題だと感じる点は？
・最近の市場の動向や世の中の風潮でプラスに働いていると感じることはありますか？
・最近の市場の動向や世の中の風潮で危機感を持っていることはありますか？

ＳＴＰ

他にも、マーケティング戦略の基本的なツールとしてＳＴＰ分析があります。ターゲット市場を特定し、効果的にアプローチするための手法です。ＳＴＰは、セグメンテーション（Segmentation）、ターゲティング（Targeting）、ポジショニング（Positioning）の頭文字を取ったものです。

並びの順番にも意味があり、まず市場を細分化（セグメンテーション）し、細分化した市場の中で誰を・どこを狙っていくのかを決める（ターゲティング）、そしてターゲットとした市場の中での自社の立ち位置を決めます（ポジショニング）。

このフレームを元に質問を考えると、次のような質問が考えられます。

・どういった市場を狙っていますか?

・どういったターゲットを考えていますか?

・どんな特徴を出していきたいと思っていますか?

ここまでで紹介したようなマーケティングのフレームを頭に入れておき、その情報を埋めるためにはどういった質問をすればよいのかという考え方で質問を考える方法もあります。

5　NLP（神経言語プログラミング）の考え方を転用する

時間軸を意識した質問

NLPのチェインプロセス、ビジョンタイムラインのワークを転用しています。

まず、相手に望ましい未来や理想の状態をイメージしてもらい、そのために必要なことや、そこに向かっていく道筋を意識してもらいます。今後の仕事観を磨き、仕事に対して長い目で捉えて欲しい部下に対しても、この先顧客の未来のビジョンのために自社の商品やサービスを提案したいと思っているケースでも使えます。目の前の課題解決というよりは、未来・理想がキーワードです。

まず、欲しい結果、望ましいゴールをできるだけ具体的にききます。その状況をできるだけ具体的に想像してもらいます。「いつのことなのか」「周りには誰がいるのか」数量や数値といった具体的なものがある場合はそれも想定します。そして、それを手に入れたときの自分の状態や気分を語ってもらいます。

・何年後にどうなっていたいというビジョンや目標はありますか？　できるだけ具体的に教えてください

・もしそれが実現できたらどんな気分ですか？

その後は、それが実現した未来を前提として思い描きながら、例えば「半年後にはどういう状況になっているのか」「次にどういう状況になっているのか」という段階的な変化を思い浮かべてもらいます。想定した理想の未来までの間に２段階くらい区切られているとよいでしょう。

・●年後に▲▲になっている状態を想定して、では■年後にはどういう状態になっていますか？

そして、その理想的な状態になるために、今自分が持っている資源を挙げてもらいます。

・未来のために、今自分が持っている資源は何ですか？

その資源を持ったうえで、■年後や●年後の状態を想像してもらいます。

・自分が持っている資源を活かして、■年後の未来や●年後の未来は実現できそうですか？
もし、Ｎｏの場合は進むうえで課題やハードルとなっているものをききます。
・未来のために、これから手に入れていく必要があること、課題になることは何ですか？

部下であれば、「やれそうな気持になりました」「やる気が出ました」というゴールでよいかと思いますし、もし部下の場合や顧客の場合に課題が出た場合にそれをあなた自身が解決・軽減してあげる手段を持っていればベストです。

視点を変えてみる質問

ＮＬＰには、ポジション・チェンジ、モデリング、ディズニー・プランニング・ストラテジーなど視点を変えるワークも複数あります。

ポジション・チェンジは、自分が人間関係を改善したい相手を1人決め、その人の中に入る（その人の感情や見え方で自分を見る）ことで見え方を変えるワークです。モデリングは、自分が得たい成果を手に入れている人をモデルとし、その人になりきるワークです。ポジション・チェンジやモデリングの考え方を質問に活かすと、「もし●●さんだったらどうすると思う？　どう行動しそう？　どう考えそう？」となります。

ディズニー・プランニング・ストラテジーは、夢想家、現実家、批判家というそれぞれの立場で物事を見たうえでビジョンを描いていくワークです。これもそれぞれの立場で質問をする、自問自答することに使えそうです。

夢想家：ゴールは何ですか？　なぜそれをしたいのですか？　それを達成したとどのようにわかりますか？

現実家：ゴールが達成されるのはいつですか？　具体的にどんな手順で進んでいくのですか？　進捗度合いはどう把握していますか？

批判家：計画やアイデアに反対する人がいるとすると理由は何でしょうか？　このやり方を導入した場合、どんなリスクが生じると考えられますか？　このアイデアを導入しないほうがよいと思われる時期や場所はありますか？

人は自分１人で考えていると、どうしてもこの夢想家、現実家、批判家のどれかの視点に偏りがちです。同じ職場や組織でも偏りがちな傾向はあるのではないでしょうか。夢想家として夢を語るための質問も大切ですし、一方であえて批判的に捉える質問や、現実的に考えさせる質問も重要です。

ディズニー・プランニング・ストラテジーは、ウォルト・ディズニーの成功の秘訣を体系化したものだそう。夢の国もこの異なる３人の見方が存在したうえに成り立っています。

思考のパターンを揺さぶる

人にはどうしても思考のパターンができあがっています。どういったパターンがあり、それをどんな質問で揺り動かすことができるのかを知っておくと質問のバリエーションが広がります。

例えば、この商品は高いから買うことができないというコメントに対して、どんな揺さぶりがあり得るでしょう。

・どうしてこの商品は高いと思うのですか？
・どうして買うことができないと思っているのですか？
・これまでに買われた他のものよりも高いですか？　高くても買うものはありませんか？
・具体的にどれくらい高いのですか？
・買うことができないと思っているから、この商品を高いと思っているのではありませんか？
・この商品を使うことでなれる●●を考えても、高いと思いますか？

6　その他のフレーム

SPIN話法

SPIN話法は、イギリスの行動心理学者のニール・ラッカム氏が考案した、商談を成功させるために必要な営業方法です。質問を通じて対話を行い、顧客の潜在的なニーズを引き出すために使います。

ＳＰＩＮのＳはSituation（状況質問）、ＰはProblem（問題質問）、ＩはImplication（示唆質問）、ＮはNeed-payoff（解決質問）のことで、Ｓ・Ｐ・Ｉ・Ｎの順に質問を展開します。

Situation（状況質問）：顧客の現在の状況や背景を理解する質問です。

Problem（問題質問）：顧客が抱えている課題を特定します。

Implication（示唆質問）：問題がもたらす影響や潜在的なリスクに思いを及ばせ、顧客自身に課題を解決する必要性に気づいてもらいます。

Need-payoff（解決質問）：顧客が解決策を受け入れる利点やメリットを明確にします。

Ｓ：現在、どのようなシステムを使用していますか？

Ｐ：現在のシステムでどういった課題が発生していますか？

Ｉ：この問題が続くとどのような影響がありますか？　どんなリスクが考えられますか？

Ｎ：もし問題が解決された場合、どのようなポジティブな変化がありますか？

ＳＰＩＮ話法では、質問を通じて情報を引き出し、顧客の視点から課題やニーズを理解したうえで、それに対する解決策を提案します。一方向のアピールではなく、より効果的な営業が可能になる方法の１つです（図表15）。

【図表 15　SPIN 話法】

	質問の目的	質問例
Situation（状況質問）	顧客の現状について確認する	「現在のシステムでどのような問題が発生していますか？」 「製品/サービスの利用状況について教えてください」 「これまでの手法でどのような成果が得られましたか？」
Problem（問題質問）	顧客が抱えている課題を引き出す	「この課題が続くと、どのようなコストや時間のロスが発生しますか？」 「この問題で現在のプロセスや業績にどのような支障が出ていますか？」
Implication（示唆質問）	顧客自身の課題を解決する必要性に、気づいてもらう	「この問題が解決されると、業績や効率性はどうなりますか？」 「この問題の解決でコスト削減やリソースの節約が期待できますか？」 「問題解決を早急に行うことのメリットは何ですか？」
Need-payoff（解決質問）	顧客を解決策に導き、自社商品に積極的な関心を持ってもらう	「解決策を採用することで、リスクを軽減し、ビジネスの安定性を向上できますか？」 「問題解決が長期的な競争力や成長にどのように寄与しますか？」

7　感情のストーリーテリングからニーズを探る

ストーリーテリング

ストーリーテリングという手法があります。体験談を物語（ストーリー）のように語ることで相手に主張を伝える方法です。物語として伝えることで、イメージが湧きやすく印象に残りやすいといったメリットがあります。

ここでは、相手の体験をストーリーとして語ってもらう質問をいくつか紹介します。

・前回のプロジェクトでの成功について、プロジェクトの立ち上げ時から終了時まで、細かくお話いただけますか？
・最近のプロジェクトで直面した困難な状況について、そのときの周りの状況も含めた様子を、そのときあなたが感じたことと合わせて教えてもらえますか？
・直近1年程度の組織の具体的な変化とそれに対して感じたことを教えてください。

ストーリーを語ってくださいというだけでなく、そのときの感情と一緒にと伝えるとより物語らしくなりますし、そこからニーズにつなげやすくなります。ニーズは、欲求や要望のことなので、感情とセットになって現れることが多いためです。

感情からニーズを探る

ストーリーとして語ってもらった内容からニーズを探る具体的なやり取りの例を提示します。

【きき手】直近1年程度の組織の具体的な変化とそれに対して感じたことを教えてください。

【話し手】この1年で組織ではいくつかの重要な変化がありました。まず、新しい経営陣が導入され、組織の方針や目標が再設定されました。不安も期待もありました。組織内に部門横断的なプロジェクトも設置され、協力と柔軟性が求められる状況が増えました。部門をこえた関わりが求められるようになり、情報共有のプロセスが見直されました。こうやって振り返ると戸惑うことも多かったですが、充実した1年間だったと思います。

【きき手】ありがとうございます。少し追加できかせてください。経営陣が新しくなり方針や目標が再設定されたとき、不安も期待もあったとのお話でした。もう少しそのときの感情をきいてもいいですか?

【話し手】変化が進む中で、自分の業務や役割がどのように変わるかがわからなかったため不安がありましたが、新しいビジョンにはこれまでにない挑戦や新しい機会が含まれていました。仕事に対するワクワク感や成長への期待が高まりました。

【きき手】協力と柔軟性が求められる状況が増えた、そういった変化についてはどんな気持ちでしたか?

話し手】慣れるまでは大変でしたが、元々人と一緒に何かをやることは好きだったので自分には嬉しい変化でした。組織全体でのコミュニケーションの重要性も再認識され、仕事がやりやすい方向に進んでいる気がします。

語ってもらっている自然なストーリーのやり取りからは、「挑戦」「新しさ」「ワクワク感」「期待」「協力」「柔軟性」仕事や職場に対するニーズが出ています。ニーズを引き出す、といってもニーズを直接的に尋ねるばかりではなく、このようにその折々の感情にフォーカスすることでニーズを探り当てる方法もあります。

8　ビジネスのうえで重要な要素

相手の懐に入る

サトルクエスチョンというものがあります。「サトル」とは「さりげなく」という意味であり、相手に警戒心を与えずに情報を引き出す質問の仕方を指します。

例えば、何らかのコンサルティングを売り込みたいときに「今、御社ではどのようなプロジェクトが進んでいるのですか」とストレートにきいても質問をはぐらかされてしまうかもしれません。

しかし、「御社のことをネットニュースで見ました。いろいろなプロジェクトがとんとん拍子で進んでいらっしゃるんでしょうね」と質問すれば「いやいや〜。上手く行ってないプロジェクトもありますよ。例えばＤＸのプロジェクトなんか、とん挫しかかってますよ」などと思わず口を滑らせてくれるかもしれません。

「今、お付き合いされているコンサル会社はとても優秀なんでしょうね」といった質問では「いやいや〜。SDGs関連で入っているコンサルは全然ダメダメなんですよね」などと答えてくれるかもしれません。

「いろいろなプロジェクトがとんとん拍子で進んでいらっしゃるんでしょうね」という質問は「どのようなプロジェクトが上手く行っていないのか」を聞き出すための質問となっており、「今、お付き合いされているコンサル会社は、とても優秀なんでしょうね」という質問は「コンサルをリプレースする余地がありそうなプロジェクトはどれか」を探り当てるための質問となっています。

サトルクエスチョンは、「きっと、こうなんでしょうね？」と質問とも感想とも取れる表現で質問を入れることで、相手に警戒心を与えずに情報を引き出す質問の仕方になります。

あえて相手が否定するであろう質問を入れることで、「いやいや、そうではなくてですね…」と思わず話をさせるテクニックともいえます。

制約条件・前提条件を確認する

ヒアリングの中では制約条件や前提条件を確認することも必要です。

きちんと確認しておかないと誤解や誤った前提でのミスにつながる可能性があります。また、前もって確認しておくことで、その後の進行をスムーズにし、双方が合意に達しやすくなり、むやみに時間をかけることを避けることができます。

大きなプロジェクトでは、まずは制約条件や前提条件を取っ払って理想の状態を語ることから始めたいということもありますが、通常は初期の段階で基本的な条件は確認します。

・あらかじめ念頭に置いておいたほうがよいと決まっていることはありますか？
・理解が正しいか確認したいのですが、これまでの議論で●●は確定していると思っていてよいですか？

その他、話し合いや打合せの途中でも、これは制約条件なのか、前提条件なのか明確でない場合には、それが確定している条件なのか・そうでないのかを確認しながら進めます。

共通の目的・ゴールを見つける

そしてもう1つビジネスの場で必要なことは、相手と共通の目的・ゴールを見つけることです。

ビジネスは相手への奉仕ではありません。そして相手だけを幸せにする、喜ばせるものでもありません。逆に自分がよければそれでよいということでもなく、Win-Winの関係を目指すことが理想です。

・相手が何を求め、どのような目標を持っているのかを把握し、相手の立場や利害を理解する。
・相手のニーズや優先事項を把握する。
・相手との共通点や共感できる価値観を見つける。
・お互いが抱える課題を共有し、共通の目標を見つけることで、そこにつながる解決策を検討する。
・長期ビジョンの共有など、共通の成功の指標を見つける。

相手の視点に立って考え、共通の目的やゴールを見つけていく過程には質問が欠かせません。質問で信頼関係を構築しているのであれば、落としどころを見つけていく過程もスムーズに進むと思われます。

知識量の差がある場合は提案も重要

ビジネスの場では、プロである自分のほうが相手よりもその分野に関する情報を多く持っていることが基本です。質問で相手のニーズを引き出すことが重要とはいえ、情報量が少ない人から情報を引き出すことには限界があり、その場合は提案をしたうえで質問をする流れが求められます。

先日、旅行の予約をするために旅行会社の窓口に行きました。行きたい場所と日程は決め、来店予約を取る際にメールで連絡していましたが、細かい下調べは何もしない状態で行きました。そのときのやり取りを再現します。

【担当者】申し込んでいただきました内容は、2月のご出発でお間違えないでしょうか。行き先は、2泊3日台湾へのご旅行でよろしいですか。
【私（顧客）】はい。
【担当者】滞在は台北のほうがよろしいですか。
【私】はい。
【担当者】何かご覧になっているホテルはありますか？
【私】まだ全然ないです。
【担当者】フリープランでよろしいですか？
【私】はい。
【担当者】ご旅行は2名様ですね。
【私】はい。
【担当者】飛行機の航空会社の指定はありますか。
【私】特にないです。
（・・・しばらくパソコンに向かっている・・・）
【担当者】出発時間や到着時間の希望はありますか。
【私】成田発着ですよね？

【担当者】基本はそうです。羽田発着もあります。

【私】初日は昼に向こうに着くくらいの時間がよいです。帰りは遅い時間で大丈夫です。

【担当者】宿泊先のグレードや朝食などの希望はありますか?

【私】グレードが低すぎるところでなければ。朝食はついていなくてよいです。

(・・・しばらくパソコンに向かっている・・・)

【担当者】見積もりをつくってみたいのですが、フリープランで組み立てようとしたところ、この日のプランの設定がなく、空港までの送迎はないなど少し縛りがあるプランになります。それを理解したうえで見てください。

2月10日の出発が成田空港9:20発、チャイナエアラインで、到着が12:30台北。空港からホテルへの送迎はありません。ホテルはBクラスで組み立てをさせていただいています。朝食はついていて地下鉄から割と近いホテルです。帰りは18:25発、行きとは違う空港になります。こちらも送迎はありませんので、ご注意ください。

22:15羽田着です。

これで旅行代金が●円になります。あとはここから飛行機やホテルのグレードを変えると値段が若干前後していきます。いかがですか。

きいたことには誠実に答えて、プランも出してくれたのですが、正直これだったら自分でインターネットを使って調べるのと変わりがないし、むしろインターネットで調べたほうが比較検討がしやすく、今度から窓口に行く必要はないと思いました。こうやって人間である必要がなく、ＡＩで充分となっていくのかもしれません。

やり取りに対する不満の要因を考えてみました。

- クローズド質問が中心で、「現地で何をしたいのか？」「何か希望はあるか？」といったオープン質問がない。
- 「提案されたホテルがどのランクなのか」「どういう特徴があるのか」の説明がなく、地下鉄から近い以外の情報がない。
- 「朝食は要らない」というオーダーに対して違う提案をしているのにその理由の説明がない。

不満の要因はいくつかありますが最大の不満は、提案が何もなかったことです。

「要望をきいて、探してみたところ、ＸのプランとＹのプランがあります。Ｘのプランは●●という特徴があるので、●●の過ごし方を重視するのであればおすすめです。ただ、▲▲という難点もあります。Ｙのプランは■■という点はＸよりもよいですが、お値段は少し高くなります。他にも日程を変えるなどでも金額は変わってきます。２つのプランを見比べていただいて、この２つだったらどちらがよいとか、もっとこういうプランがよいとか教えてください。」

代案も含めて提案をしてもらえていたら、その場でさらに検討をする気になったのかもしれません。しかしあくまでもデータベースの中から最適なものを探すという行為を行っている様子で、自分のほうを見てくれている感じがしませんでした。

ちょっと気持ちが下がってしまい予約はせず、旅行代理店を後にしました。

このケースもそうですが、ビジネスの場では自分が持っている情報量が相手が持っている情報量よりも多く、自分のほうがその道のプロというケースが大いにありえます。

その場合、顧客は自分の意見や要望を伝えるだけでなく、相手に相談に乗ってもらい、自分が知らないことを教えてもらえることを期待しています。

そのときに相手の意見を大事にしようと質問ばかりだったらどうでしょうか。

質問をして相手のニーズを引き出すことも

【図表 16　ジョハリの窓】

		自分自身が	
		わかっている	わかっていない
相手が	わかっている	**A** **開放の窓** 「自分でも自覚・認識しているし、人にも伝えられる」	**C** **盲点の窓** 「自分ではわかっていない。人に教えられると気づく」
	わかっていない	**B** **秘密の窓** 「秘密にしておくこともできるし、相手に伝えることもできる」	**D** **未知の窓**

重要ですが、相手が知らない情報は伝えたうえで相手に選択をゆだねることもプロの関わり方としては重要です。オープン質問だけではなく、クローズド質問やセレクト質問も重要になるでしょう。ジョハリの窓（図表16）でいう自分がわかっていて、相手がわかっていない・知らない情報は共有しましょう。それによって相手の認識が広がり、「なるほど、そういう選択肢があるのであれば、こういう要望もある」と新たなニーズが出てくる可能性があります。

オープン質問で相手が何を考えているのか、どうしたいのかをフラットにきいてみる一方で、これまでの自分の経験や知識から導き出された具体的な提案を相手にクローズド質問やセレクト質問できいてみましょう。先ほどの旅行代理店の例から、次のような流れになるのでしょうか。


【担当者】台湾に決めた理由をお伺いしてもよいですか？

【私】食事がおいしいときいて、行ったことがないので行ってみたいと思いました。

【担当者】おいしいお店や屋台もありますものね。食を楽しみたい以外にもご希望はありますか。

【私】特にないです。

【担当者】その時期に行かれるお客様だと●●や△△を見たいとのお声をきくことが多いですね。興味はおありですか？

【私】●●には興味があります。

【担当者】もし、●●や屋台に行きたいのであればこちらのホテルがおすすめです。

この章のまとめ

①ニーズは期待せず、思い込まず、引き出すことが必要。

ニーズは自分自身でもわかっていないことが多く、欲しいもの・必要なものをきいてすぐに出てくるとは限らない。こんなニーズがあるのでは、という仮説は大事だが、きき手が期待する内容が出てきたことを喜ぶものでもない。探ることは難しいが、誰もがニーズは持っており、それを引き出すことがビジネスチャンスにつながる。

②広げる質問や深める質問でニーズを引き出す。

軸（時間軸、ストーリーの軸、価値構造の軸）を意識すると質問が考えやすくなる。フレームを知っていると質問の役に立つ。マーケティングのフレームやＮＬＰのフレームは、質問を考えるのに有効。他にも自分の周りのフレームを活用しよう。

③ビジネスの場では落としどころを探ることや提案も必要。

前提条件を共有する、共通の目的を見つけるなど、ビジネスならではの視点も重要。顧客との間に知識や経験差がある場合は、プロとしての提案も求められる。

第6章　部下のモチベーションを引き出す質問力

1　まずは関係性の構築から始める

自分の地図と相手の地図は違う

ＮＬＰを学んだ中で一番心に響いた言葉です。人は自分の価値観・世界観で自分の周りの世界を認識しています。そしてその価値観・世界観は人によって違います。

私に見えている世界とあなたに見えている世界は同じではありませんが、その事実を忘れてしまいがち。「何でわかってくれないの」「なぜ気づかないの」など、自分が見えているものが相手にも見えている前提で話をしてしまうことが多くあります。

自分が見ている地図と相手が見ている地図は違う。同じ目的に向かおうと思っていてもそこまでの道筋で見えている景色も違うし、通っている道も違うかもしれない。そして、同じ目的に向かおうとしているけど、その目的への向かい方に対する希望も違うかもしれない。違うことを前提としていると、相手をしっかり理解しようとコミュニケーションを取ることができますし、すれ違いがあった場合も「わかってくれない」と憤るのではなく、「なぜすれ違ったのか」「何が違うのかを理解しよう」とすることができます。そして、他人と過去は変えられない、自分と未来は変えられるのであれば自分が相手に合わせる、相手の地図に歩み寄っていくことができます。

会社の人間関係もそうです。同じ組織に所属していても、これまでの人生も違うし価値観も違う。

会社に求めていることも、仕事への意識も違います。まずは違って当たり前、「それぞれに大切にしたいものがある」と認識し、それを前提に対話をしていくところからスタートです。

１ｏｎ１ミーティングのすすめ

「１ｏｎ１ミーティング」きく機会が増えている言葉です。１ｏｎ１ミーティングは、上司が部下に行う、部下のための面談です。評価のために年に1～2回程度行う評価面談とは異なりますし、部下からの業務報告とも異なります。週に1回～月に1回といった定期的なペースで上司が部下の現状をきき、その内容にコーチングやフィードバックをしていくことで、部下の成長につなげていくことが目的です。後述する経験学習を推進する機会でもあります。

基本的なミーティングの流れは、その日のテーマを部下に決めてもらい、そのテーマについて上司が傾聴と質問をし、部下に解決策や行動計画を立ててもらうという流れになります。

私も1年ほど前から実践していますが、本来は部下の成長を促す時間でありたいと思いつつ、実際は雑談で終わることも多々あります。ただ、その場合も定期的に1対1で部下と話をする機会にはなっており、接触頻度を増し、関係性を構築するという意味では効果を発揮しています。

１ｏｎ１ミーティングですが、ここまで伝えてきた傾聴や質問を意識して、部下の話をとことんきこうと思うと、何かしらの効果はあります。もしあまり効果がないと感じているなら、上司側が上手く傾聴や質問ができていない可能性が大きいです。リフレーミングをすると、できていないのではなく、まだまだ伸びしろがあるということですので、ぜひ継続することとまずは話をきくところから始めてみてください。
やり始めたことはある程度やり続けないと効果がわからない場合があります。１ｏｎ１ミーティングや人材育成はその顕著たるものです。やり方は状況や場に合わせて変えつつも継続することを意識してみてください。

2　経験から学習する機会を提供する

経験学習

経験学習とは、アメリカのデイビット・コルブ氏が提唱した理論です。実際に経験したことを元に具体的な振り返りを実施し、「なぜ失敗したのかあるいは成功したのか」を分析し、考えて次に活かしていくサイクルを指します（図表17）。

実際に自分が経験したことを分解し、振り返ることでこれまで得られなかった気づきを得ることがで

【図表17　経験学習サイクル】

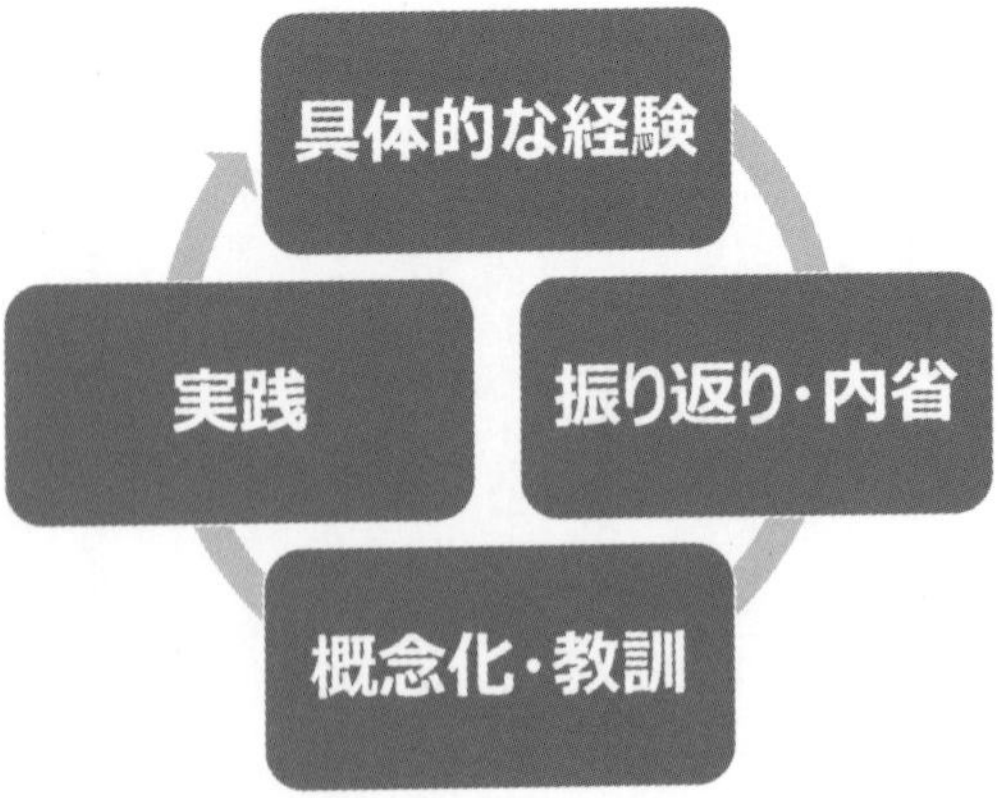

きます。仕事で何か失敗をしたとき、なぜ失敗をしたのかを振り返り、そこから教訓を得ることで実践的な学びにつながります。仕事で過ごす時間の多さや仕事で積んで行ける体験の多さを考えると、現場の具体的な経験から学べることは多いと思われます。

ただ、実はこの振り返りから次につなげる教訓を得るというパート、なかなか実践しづらいところがあるかもしれません。「毎回の仕事で振り返りを行うことは時間的な余裕がない」「振り返るといわれても実際にどういう経験だったかすぎてしまうと忘れてしまう」「失敗は振り返りたくない」「成功も振り返りをするといわれるのがよかったねで終わってしまう」など、振り返ることはしてもそこから次に活かせるような教訓を導くことができないといった声を聞きます。

そこで活用して欲しいのが１ｏｎ１ミーティングであり、上司の存在です。定期的に開催する１ｏｎ１ミーティングを振り返りの機会として活用します。上司から部下に、１ｏｎ１ミーティングの場では直近の仕事の振り返りを行うので直近でどういうことがあったか、仕事で起こった出来事のうち何について取り上げたいかを考えておいて欲しいと伝えます。ここでのポイントは上手くいかなかったことだけでなく、上手くいったことも題材になることを伝えます。これを伝えておかないと、人は欠けている部分に目が行くものなので失敗経験を探すほうに気持ちがいきます。

１ｏｎ１ミーティングの場では、上司の「今日は何について話す？」の言葉からスタートします。

部下が「今週こんなことがあったので●●について話をしたい」と持ってきたテーマについて上司は傾聴をしつつ、質問で振り返り、内省の機会を与えていきます。

もし、自分ではテーマを探せなかったという場合には、「直近でどんなことがあった？」「上手くいった経験は？」「ちょっと失敗したなとかヒヤリハットした経験は？」と上司がヒアリングするところから始めます。

続けていくと、部下の「これ次の仕事に活かせるかも」「次の１on１のテーマにしよう」という目が養われていきます。

振り返り〜教訓の質問

人は質問をされると考えます。上司からの質問は、部下に「それってどういうことだったんだろう」「何が起こったんだろう」と考える機会を与えます。

ここでの上司の質問は次のような流れを推奨します。

① 現状をきく質問：例・状況を詳しく教えて。

事実（５Ｗ３Ｈ）を押さえることとそのときの部下の感情をきくこと、どちらの側面も意識します。

② 理想のゴールをきく質問：例・どうなればよかった？　どうなったのがよかった？

理想の状態だけでなく、理想の感情についても聴取します。もしそういう状況ができたらどんな気持ちになれそう？

上手くいった仕事の振り返りの場合、「ここのパートはどんな状態になれたのがよかった？」という問いになり、「どんな気持ちになれた？」とそのときの気持ちを思い出してもらいましょう。

③　課題を特定する質問：例：何がポイントだろう？　何が課題だろう？

①②で自分の想いを冗長に語ってもらえている場合、ここでは短い質問でズバリ「課題は何だろう？」とききます。

「何がポイント」という質問は、上手くいったときの振り返りにも使えます。

もし、「これがポイント」というものが出てこない場合、上司が話をきいていると「こんな点もポイントだったんじゃないかと思ったけどどう？」と自分の意見を言ってもよいと思います。ただし、あくまでも部下本人の内省を促すことが目的ですので、上司の意見は短めに。

④　解決策を立ててもらう質問：例：どうすれば課題が解決できるだろう？　理想の状態のためにできることは？

解決策については、すぐに出てくるとは限りません。このミーティングの場で出てこない可能性もあります。そこは焦らず待ちましょう。例えば「こういう解決策はどうだろう？」という案が浮かんだ場合は、「一案が浮かんだんだけど伝えてもいい？」と断ってから伝え、「あくまでも一案なので他にも考えて欲しい」というスタンスを取ります。

もしこの場で答えが出ない場合も、「質問をする」「考える」という行程を取っている場合、部下の頭の中に何かしら引っ掛かりとして残っていて何かの折に突然思いつくこともあります。仕事の場は、この場限りではありません、継続していく場です。1回1回のミーティングで明確な答えが出なくても、何か残ってくれればよいくらいの気持ちで臨みましょう。

⑤　**行動計画を立ててもらう質問：例：　では、いつまでに何をしようか？　まず何から始めようか？**

質問を重ね、具体的なプランにまで落とし込みます。次のミーティングまでにやれることを見つけて終了できるのがベストです。

次回はまた新たなテーマで話をしてもよいですし、今回決めた行動計画を実践してみてどうだったかという話でもよいかもしれません。

3　未来志向の問い

なぜなぜ分析の利点と弱点

経験から学習する問題解決やプロセス改善の手法として、なぜなぜ分析があります。問題の根本原因を追究するために何度もなぜを問い続ける手法です。

例）　問題：社員のモチベーションが低い

なぜ社員のモチベーションが低いのか？→やらなければいけないタスクが多すぎる。

→なぜタスクが多すぎるのか？→新しいプロジェクトが同時に進行中でリソースが不足している。

→なぜリソースが不足しているのか？→人員配置の計画が不十分でスキルのバランスが取れていない。

↓なぜ人員配置の計画が不十分なのか？↓不確かなプロジェクトが多く、必要なリソースが把握されていない。
↓なぜプロジェクトが不確かなのか？↓顧客の要件変更が頻繁でそれに対応していくことが求められている。

この質問を行うことで、問題の表面的な原因ではなく、根本原因を見つけることができ、一時的な対処に留まらない対応を考えていくことができます。情報を整理し、複雑な問題やプロセスを理解することにもつながります。

反面、何度もなぜと質問されると、きかれる側にとっては精神的な負担になる場合があります。なぜなぜ分析は、問題の根本原因を追究するため、過去の過ちやミスが浮き彫りにされたり、自分や関係者に負の感情を抱いたりすることがあります。考えてみてください。何か問題が発生したときに「なぜ?」「なぜ?」と何度も問われたらどうでしょうか。よかれと思ってやってみたけれど、自分が悪かったのかと自分の考えや行動に対する疑問が浮かび上がったために、自己評価が下がって自信やモチベーションも下がるかもしれません。

また何度もなぜときかれることでプレッシャーや緊張もあるかもしれません。

なぜときくことが有効なときもありますが、原因を追究する質問だけでは限界があることも知っておいてください。

未来志向の問い表現にする

原因追究だけでは限界があるということをふまえながら、活用して欲しいのが未来志向の問い表現です(図表18)。

「過去〜現在×困ったこと」の原因を問うのではなく、「未来×よいこと」を問うていきます。

・この方針を組織の隅々まで浸透させられたら、どんなことが実現するでしょう?

・社員のモチベーションが高まったら、どんな組織になるでしょう?

・リーダーが明確に示したビジョンに共感できたら、組織の方向性はどのようになるでしょう?

・異なる部門と連携できる環境が築かれたら、どのようなプロジェクトができるでしょう?

どうして部署間の壁を突き破るのが難しいのでしょ

【図表18　未来志向の問い表現】

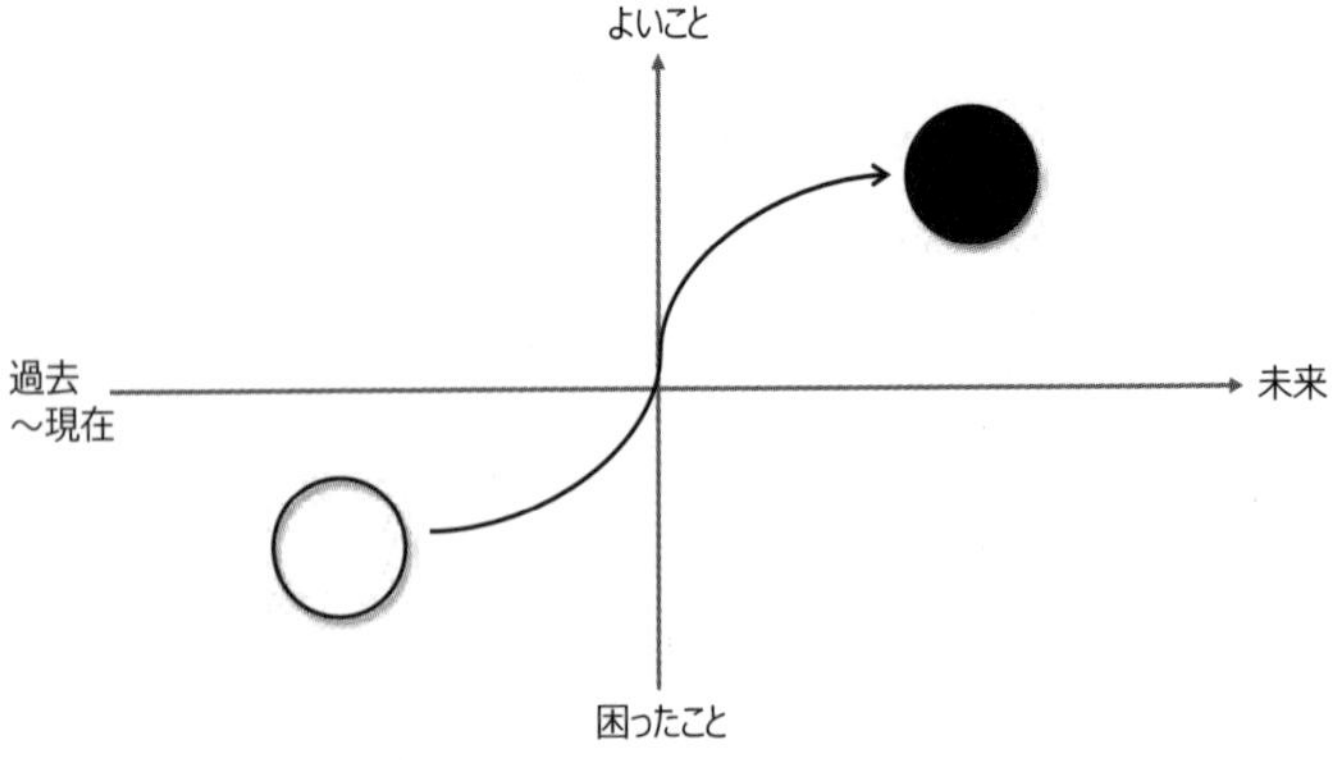

う？　ときかれるよりも、「未来志向・よいこととイメージで部署間の壁がなくなったとしたら、どんなことが可能になるでしょう？」ときかれたほうがワクワクして未来に向けての改善策が描けるのではないでしょうか。

「なぜ？　どうして（できないの）？」の発想だけでなく、未来のよいイメージを持ったうえで「どうすれば？」そんな仕組みが可能になるでしょうか、と考えていくこともモチベーションを高め、未来につなげていくためには必要です。

4　主体性を育てる

主体性を育てることの重要性

部下の主体性を育てることは、組織の柔軟性やイノベーションを促進し、社員の満足度やエンゲージメントを向上させる重要な要素です。

部下の主体性を育てる方法としては、自身の仕事と組織の目的を結び付けて理解するよう、部下と共に目標を設定し、組織のビジョンや方針を明確に共有する、部下に一定の自己決定権を与え、自分で問題を解決し、判断を下す機会を提供する、新しいスキルの習得や成長の機会を与えるなどがあります。上司自らが組織の中で業務に対して主体的に動く姿勢を見せることも１つです。

質問を使って主体性を育てる方法の１つが１ｏｎ１ミーティングに代表される定期的で具体的な

フィードバックの提供です。成功体験を共有することで、部下は自分の能力を確信し、次なる挑戦にも前向きな姿勢で取り組むことができますし、失敗体験から自ら気づいて学習していくことも主体性の獲得につながります。

自分で決める

主体性を育てる方法として、部下が自分で決めたと思える機会を提供できるかどうかは大きな要素です。自分で決めたと思えるかどうかでその後の仕事が人から押し付けられた仕事になるのか、自分が向かう仕事になるのかが違います。

部下が自分で決めたと思えるためにも質問の力を活用しましょう。

質問は、部下の主体性を引き出す力強い手段です。質問をして意見を求めるということ自体が主体的な意識につながります。質問によって部下の意志を確認しながら話を進めると、部下は自分の意志で決めたという実感を持てます。適切な質問は、洞察を促し考える力を養います。

主体性を促進する質問

質問を活用して部下の主体性を促進する質問はいくつか考えられます。

目標やモチベーションを尋ねる：例　今の仕事で何が一番やりがいを感じていますか？　将来の

キャリアで達成したい目標は何ですか？

自己認識を深める：例：自分の強みは？　最も成功したプロジェクトではどんな役割を担っていましたか？

どんな役割を担っているときが楽しい・充実していますか？

挑戦を後押しする：例：最近のプロジェクトで遭遇した難題は何でしたか？　それにどのように対処しましたか？

アイデアや提案を引き出す：例：今の業務プロセスやチームの改善点は何だと思いますか？

成果を学びにつなげる：例：最近のプロジェクトで、上手くいったポイントは何でしたか？

自分はこう思うという意見を表明し、それを承認されるという経験は主体性につながる一歩です。この経験をたくさん提供することで、部下の主体性は育っていきます。

助言を求める

アドバイスを求められてちょっと嬉しくなった経験ありませんか。人は自分が必要とされていると感じたいと思っており、その欲求を満たすためにも助言を求めることは有効です。

・何かいい考えはありますか？

・あなたはどう思いますか？　意見をきかせて欲しい

欲求を満たすために有効というと、計算で求めている印象があるかもしれませんが、それだけではありません。上司と部下、先輩と後輩で、すべての分野で上司や先輩が持っている情報や知識のほうが部下や後輩が持っているものよりも質・量的に優れていると言い切れるでしょうか。

以前はそう言い切れていたのかもしれませんが、そうともいえないのがこのニーズが多様化し、情報を得ようと思えば誰でも手に入れられる移り変わりの速い世の中の特徴だと思います。

自分とは違う情報・知識を持っている存在として、部下、後輩を見ると素直に助言を求めることができます。少なくとも私は、部下や後輩からの一言にハッとさせられることは多いです。

5　1on1ミーティングで有効なフレーム

GROWモデル

質問を通して相手を目標達成で導いていくコーチングの手法です。目標達成に必要な4つのプロセス、Goal・Reality/Resource・Options・Willの頭文字を取ってGROWモデルと呼んでいます（図表19）。

G（Goal）　：目標、欲しい結果を設定します。

・どのようになりたいですか？
・どのような結果を手に入れたいですか？

R（Reality）：現在の状態、現状の立ち位置を把握する。

・今はどういう状態ですか？
・今まででゴールに向かうためにやったこと、獲得したことは何ですか？
・ゴールに向かうために抱えている課題（足りないもの、ハードル）は何ですか？

R（Resource）：現在自分が持っている資源を確認する。

・ゴールに向かうためにあなたが今持っている資源（人、経験、知識、技術など）は何ですか？
・ゴールに向かうために必要な資源は何ですか？

O（Options）：ゴールに向かうための選択肢をできるだけ多く考える。

・どのようなアクションが必要ですか？
・他にもできることがあるとすれば何ですか？
・制約が何もないとしたらゴールに向かうために何を

【図表19　GROWモデル】

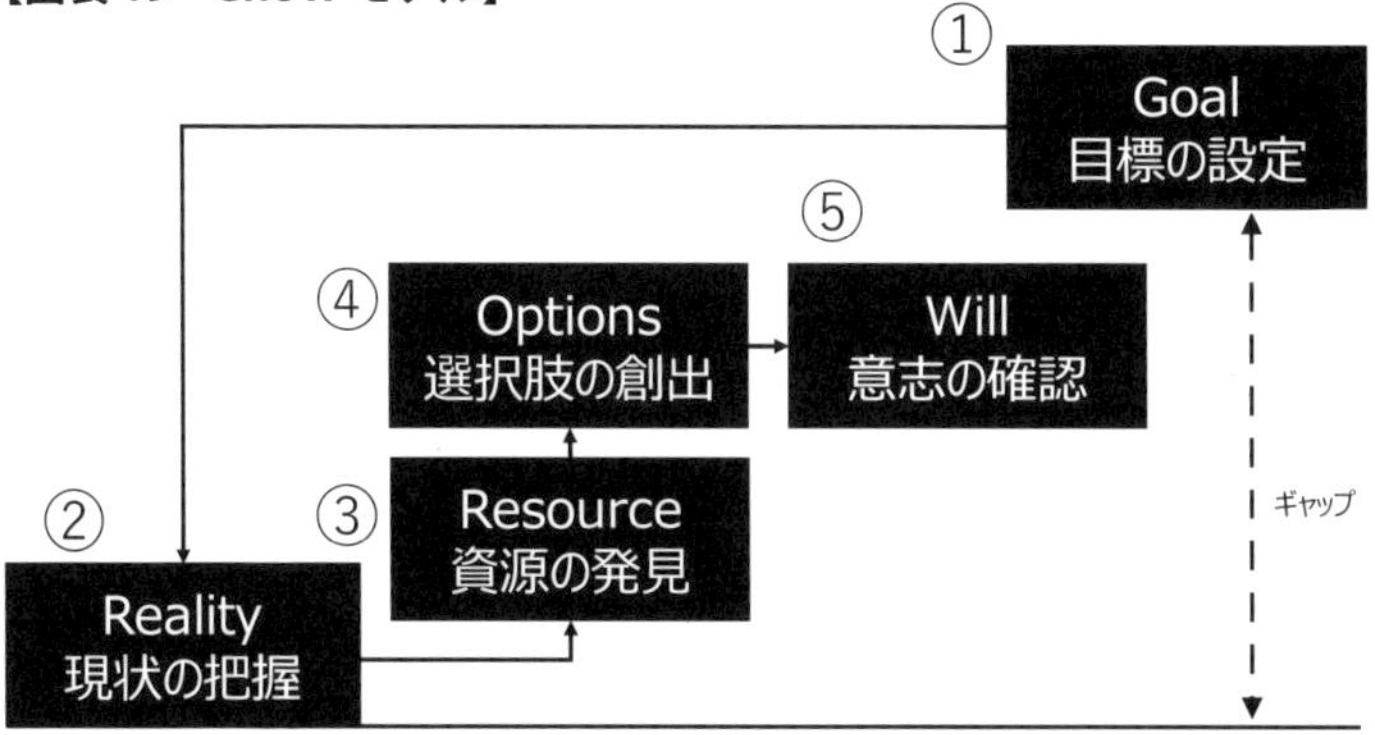

しますか？
・試してみたい方法はありますか？
・周りの支援があればやれそうなことはありますか？
・これまでの自分や周りの経験で使えそうなものはありますか？

W（Will）：ゴールに向かう意志を確認し、解決策を具体的な行動へ落とし込む。

・何から始めますか？
・どの方法を選びますか？
・いつから始めていつ達成できますか？
・私（上司）にできることはありますか？

まずはゴールを明確にすることで具体的な目標を立て、自分が今どの段階にいるかの現状の把握を促します。あるべき姿と現状とのギャップの間に課題が存在します。そのため、まずはその両者の把握するところからスタートです。

現状の立ち位置に加え、目標達成の障害や目標達成のために持っている資源、必要な資源を部下自身が整理します。そして、ゴールと現状のギャップを埋めるための行動を部下自身が考え、行動の選択肢を洗い出していきます。大切なことは部下自身ができるだけ多くの選択肢を自由に発想することです。自分で多くの選択肢を発想できると目標達成へのモチベーションが高まります。上司は、部下が制約下で考えていたら制約を取り払うなど、できるだけ自由な発想を援助するにとどめ、助言は控えましょう。

最後に、自ら挙げた選択肢の中から行動を選び、実行を決断してもらいます。優先順位や期限を決め、具体的な行動計画を作成します。ここでも上司は指示をしたり、意見をはさんだりせず、部下が自ら実行計画をつくって実行するように働きかけることが大切です。

同じ業界での経験や知識がある分、上司はアドバイスをしたくなったり、歯がゆい思いをしたりすることもあるかもしれません。

上司の役割として、部下が自ら自分なりの答えを導くのを支援するコーチングだけでなく、上司の経験や知識を伝えるティーチングも必要です。部下の経験が浅い場合は、ティーチングの領域を多くし、スキルや経験が溜まるとコーチングの割合を多くしていき、ティーチングは緊急の対応が必要な場合や部下から求められたときに留めるというのがおすすめです。

OSCARモデル

ＧＲＯＷモデルと似たフレームですが、ＯＳＣＡＲモデルというものもあります。

O（Outcome）：成果
S（Situation）：状況
C（Choices）：選択肢・因果関係

A（Action）：行動

R（Review）：確認

ＯＳＣまでは、ＧＲＯＷモデルのＧＲＯとほぼ同じです。Ａの行動もＧＲＯＷモデルのＷと近いですが、Ａの中にはAffirm（肯定する）も含まれているとのこと。上司と部下の間の１ｏｎ１でいうと、部下が行動を起こし、それを上司が肯定していくという意味合いになります。

ＯＳＣＡＲモデルには、最後にReview（確認）のパートがあります。Ｒのパートの質問は、「どのように進捗を確認しますか？」「いつ一緒に確認しましょうか？」といったものです。

このAffirmやReviewの意味合いが、部下と上司が一緒に歩んでいく感があり、個人的には気に入っています。

6　部下との面談での心がけ

気づきを与える

部下の成長に必要な要素として、思考の枠を広げるという視点があります。人は皆、自分の思考の枠の中で生きています。自分の経験と知識に頼った思い込み、先入観、固定概念を持っています。

・私が正しい、間違っているのはあの人だ。

・そんなやり方で上手くいくはずがない。

・これまでやってきたやり方で上手くいくはずだ。

当たり前、前提だと思っている思考の枠、思考のクセを外し、新しい可能性に気づかせるのは他の人からの質問の力です。面談では、この思考の枠を外す手伝いを行うのが上司です。

視点・視野・視座を変える

部下の思考が一定の範囲を出ておらず、一方向からしか出来事を見ていないときに、この視点・視野・視座を変える質問ができると、部下の思考の枠を外し新しい気づきに導くことができます。

視点は、特定の立場や観点から物事を見る視覚的な位置を指します。物事を異なる視点から見ることで、新しい発見や理解が得られることがあります。視野は、物事を見る範囲や視界を指します。狭い視野では限られた情報しか得られませんが、広い視野を持つことでより広範な情報を得ることができます。視座は、特定の視点や視野からの見方、考え方の仕方を指します。異なる視座を持つことでより多くの情報や意味を把握できる可能性があります。

「視点を変える」は、見ている焦点を変えるイメージ、「視野を変える」は、見ている範囲を変えるイメージ、「視座を変える」は見ている目線の高さを変えるイメージでしょうか。

「もし●●だったら？」という問いはこの視点・視野・視座を変えるのに有効です。視点・視野・視座の変え方としては、人を変える（社長だったら、顧客だったら、競合だったら）、時間を変える（過去に戻れたら、未来に行ったら）、制約の枠を取り外す・設けるなどがあります。

・もしあなたが社長だったらどのように考えますか？
・顧客の立場で考えるとこの商品はどのように見えますか？
競合他社の立場だったらどうですか？
・もしタイムマシンで1年前に戻れるとしたらどうしますか？
・もし制約が一切なかったらどうしたいですか？
・もし残りの人生があと1年しかなかったら何をしたいですか？
・もし半分の時間で倍の効果を出すとしたらどうしますか？

NGの質問例

・なんでこんなことができないんですか？　なぜ●●できなかったんでしょう？
・誰の責任だと思っているのですか？
・●●なのが当たり前だと思いませんか？
・こんな結果になってどう思っているのですか？
・何を考えているんですか？
・そんなことをしても無駄だと思いませんか？
・何のためにそれをするんですか？

部下のタイプを尊重する

部下のタイプを考えるツールとしてご紹介したいのがソーシャルスタイル理論です。

１９６８年にアメリカのデビッド・メリル氏が提唱したコミュニケーションの理論で、人の言動を４つのスタイルに分けて分析しています。

相手が望ましいと感じる対策を探し、選択する方法として活用されていますので、部下との関わり方についても１つのヒントになるのではないかと思います。

ソーシャルスタイル理論では、感情表現を抑える⇕感情を表す、意見を主張する⇕意見を聞く、という２軸でタイプを分類しています。

スタイルごとに、Driving（ドライビング）実行型は意見を主張、感情を抑える、Expressive（エクスプレッシブ）直感型は意見を主張、感情を出す、Amiable（エミアブル）温和型は意見を聞く、

【図表20　ソーシャルスタイル理論】

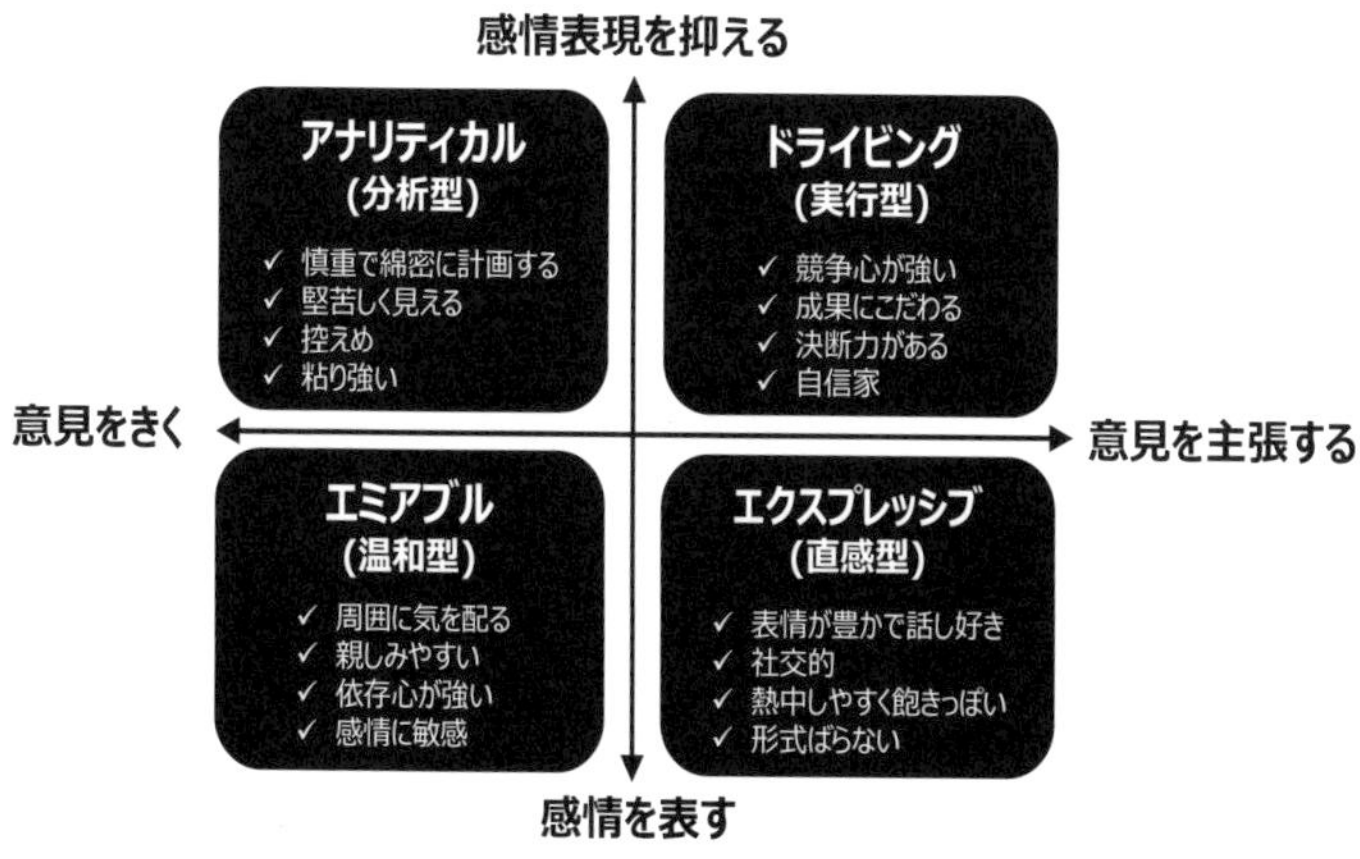

感情を出す、Analytical（アナリティカル）分析型は意見をきく、感情を抑えるという特徴を持っています（図表20）。

皆さん、「何となく自分はここかな」「部下はここかな」というのは見当がつくでしょうか。ドライビング（実行型）の人に対しては、単刀直入に結論から話すコミュニケーションが有効です。自分で決めることが大事なので選択肢を提示して自己決定させることも重要になります。エクスプレッシブ（直感型）の人に対しては、とにかく自由に話してもらうことが必要です。興味を示す話題を提供するとのってきます。

エミアブル（温和型）の人は承認がポイントになります。一緒にやっていくという姿勢も大切です。アナリティカル（分析型）の人は論理的に、事実ベースで話を進めることを好みます。

ただ、こういったタイプ分けすべてに共通することですが、分類は絶対的ではありません。こだわりすぎてしまうと、「B型はマイペース」のようなステレオタイプの固定概念、決めつけになってしまいます。

あくまでも目の前の人をしっかり観察することを大切に、1つの参考として捉えてください。

ちなみに私は自称ドライビング（実行型）ですが、多分、人によってはエミアブル（温和型）に見えている人もいると思います。このように見る人によって見え方が違い、本人の認識とズレている場合もあります。

自分で抱え込まず、周りとつなげる

上司として一生懸命部下のモチベーションを高めようと向き合っても限界があります。会社や組織の規模にもよりますが、部下の仕事のやり取りや作業の中で上司の存在が占める割合はどれくらいでしょうか。

会社でいうと、上司とのやり取りだけでなく、同僚とのやり取りや違う部署とのやり取り、顧客とのやり取りなど、いろいろな人との関わりが発生しており、上司とのやり取りだけでは完結しないことのほうが多いのではないでしょうか。

そんな中では、上司との縦の関係だけで、部下のモチベーションを保ち続けることは難しいです。

上司の役割は、部下を囲うことではありません。違う部署とつながっておいて部下の存在や、やりたいことをアピールする、部下に他の部署からきた新しい仕事にチャレンジする機会を提供する、他の人を巻き込むことで部下に人と一緒に仕事をする機会を提供するといった周りとのハブになることも上司には必要な役割ですし、その役割のためには周りとの関係性構築は欠かせません。

一方で、上司の存在が会社での評価に与える影響は大きいかと思いますし、上司の関わり方によっては仕事のストレス度合いや困難な仕事に立ち向かう気持ちも変わってきます。

上司である自分は部下のモチベーションを左右することはできる、ただ自分だけが絶対的な存在ではなく、モチベーションを上げる役割は社内外のあちこちにあったほうがいいというつもりで臨んでいただければと思います。

この章のまとめ

①部下ともまずは関係性の構築が大事。
自分が見ている世界と相手が見ている世界は違う。だからこそ、1on1ミーティングなど、定期的に話をする機会をつくることがおすすめ。

②経験を学びにつなげていくのも質問力。
経験から学ぶことが大事とはいえ、1人で経験を振り返ることには限界がある。話をし、質問をしてもらうほうが気づきが生まれる。視点・視野・視座を変える質問は気づきにつながりやすい。

③1on1ミーティングでもフレームを活用しよう。
まずは傾聴と質問の基本を大切に。そのうえで、GROWモデルなどのフレームで部下の気づきを促す。問題追求型の質問だけでなく、未来志向の問いも活用していこう。

質問の力で、主体性を持たせていくこともできる。

第7章　ヒアリングに臨む前の事前準備

1　事前準備が成功のカギ

効果的な質問の準備

事前準備は相手を理解するための基盤構築です。事前に情報を取集しておくことで、相手のビジネス、ニーズ、課題などについて理解を深めます。営業の場では、相手の業界や市場の動向を把握することで、より具体的な質問や提案につなげることができます。

事前に用意した情報があると効果的な質問を構築することができます。質問の質はヒアリングの成功に大きく影響をします。事前に検討しておくことで、質問の質を高めることができます。

アプローチの質を上げる

ヒアリングの目的を事前に設定しておくと、会話が迷走せず、成果を得やすくなります。ヒアリングの最中も目的に合わせて質問やアプローチを調整することが可能です。

事前にききたい内容を検討しておくと、相手の反応や提案に迅速に対応することができます。予測可能な状況に備えることで先を見越したアプローチも可能になります。

時間の有効活用や効率性が重視されている中、事前に準備をしておくことは限られた時間内での効率的な情報収集を可能にします。制限時間内で重要な情報を引き出せるかどうかは事前準備の有無に拠るところも大きいです。

信頼関係構築の基盤

事前の情報収集を通じて、相手に対する理解を示します。自分に対して理解を示してくれる相手、理解をしようと努めてくれる相手に対して人は信頼を感じます。相手が自分に対して信頼を感じることで、オープンで有益な情報を提供してくれるようになります。

2　現場に行く前の事前準備

事前情報があるのであれば事前準備を

顧客のＡさんから携帯電話に連絡が入りました。会社のホームページについてちょっと相談させて欲しいので打合せの時間が取れないでしょうか？　送られた打合せの内容のメールを開くと、現在のホームページは見づらく必要な情報にたどり着きづらいとの声があり、ホームページのリニューアルを検討しているので相談に乗って欲しい、詳細は打合せでお伝えします、とのこと。ホームページのアドレスも載っています。

もちろん、とりあえず伺いますという対応でもよいですが、打合せまでにできることはあるでしょうか。ホームページを見ておくことはできそうです。元々取引がある顧客であれば、これまで自社がどのような仕事を請け負ったのか、ホームページに関する仕事の経験はあるか、あるとしたらどのようなものだったのかは把握しておいたほうがよいでしょう。

何も知らないと何をきけばいいかもわからない

マーケティング・リサーチ・インタビューはカテゴリーが多岐にわたります。その商品、存在も知らなかったという商品についてヒアリングして欲しいというオーダーがあることも多々あります。インタビューフローという、きく内容についての台本を考える前に私がやっていることを書き出してみます。

・インターネットでその商品やカテゴリーについて調べる

他にどんな商品があるのか、どんな商品が売れ筋なのか、どんな人が買っているのか、どんな口コミなのか

今回対象の商品と競合の商品でどんな違いがあるのか

・(試せるものであれば)店頭やネットで買ってみる、使ってみる

店頭で目立っているのか、目に付く場所に置かれているのか、他と並んだときのパッケージの印象は?

ネットではどのような紹介がされているのか、口コミや評価は?

実際手元でみたときの印象は？
（インターネットやアプリ評価の場合）実際アクセスやダウンロードして内容を見ての印象は？

・自分や知り合いで関与がある人がいれば意見をきいてみる

自分がユーザーの場合、自問自答してみる
身近な人でユーザーや知ってはいるけど使っていない人がいた場合、感想をきいてみる

こういった下調べをしてから何をきくかを考えます。自分がわかっていないときけないこと、想像がつかないことは多くあります。もちろん、気軽に試すことが難しいものもあります。その場合も何もできないわけではなく調べること、周りにきいてみることはできます。

下調べは、クライアントとの打合せの際にも役に立ちます。

例えば、対象商品と競合商品の違いを見つけようという目で下調べをしておいたとします。調べてみてその違いが想定できたときには「ネットで拝見してこんな違いがあるかと思ったのですが、いかがですか？」ときけますし、違いが見つからなかったときにも「正直ネットで見ただけだと競合との違いがわからなかったのですが、実際にはどんな違いがあるのでしょう？」ときけます。違いがわからなかった、と伝えるのは失礼だと感じるでしょうか。あらかじめ情報があったにも関わらず、何も調べてこないほうが失礼なのではないでしょうか。

仕事上のヒアリングも、会社対会社の話でありながら、突き詰めると個人対個人のやり取りです。

個人対個人のやり取りである以上、相手が自分のために時間を割いてくれたと感じることはプラスの側面しかありません。少しの手間ですが、その手間、惜しまずかけていますか？

社内ヒアリングにおいても準備は重要

社内ヒアリングにおいても準備は重要です。社内の相手とのミーティングや面談の場合、直前まで別の仕事をしていて時間になったらあわてて打合せに参加するということもあるかもしれません。

業務量の問題で仕方がない部分もあるかもしれませんが、できれば社内の人が相手であっても、事前に準備をしておくことが望ましいです。

会社の会議など複数名が関わるときの準備は第8章で述べますが、1on1ミーティングのときの準備はどうすればよいでしょう。

定期的なミーティングだし、よく知っている部下が相手だしという気持ちで準備をしていないこともあるかもしれません。

これも事前に5分でもよいので準備が必要です。一旦他の仕事を脇において、前回のミーティングを思い出し、「今回はどんな話になるのかな」と想像するだけで構いません。

準備をしておこうという気持ちは、他の仕事から頭を切り替えてこれからの打合せに集中しようという気持ちにもつながります。

３　インタビューで学んだ「目的」「仮説」の重要性

目的と課題

例えば「マーケティングとは？」とChatGPTにきくと「マーケティングは、商品やサービスを人々に知ってもらい、欲しがってもらうための舞台裏の演出やストーリーテリングのようなものです」と答えてくれました。

マーケティング・リサーチはそのマーケティングのための材料集めをする調査です。

マーケティング・リサーチのインタビューでは、「マーケティング目的」「マーケティング課題」と「調査目的」「調査課題」があります。

マーケティング目的は、メーカーが最終的に目指しているゴール（例：商品やサービスの発売、売上アップ）。

マーケティング課題は、メーカーが今解決したいと思っている課題であり、調査をすることになった目的である

【図表21　マーケティング・リサーチ・インタビューの転用】

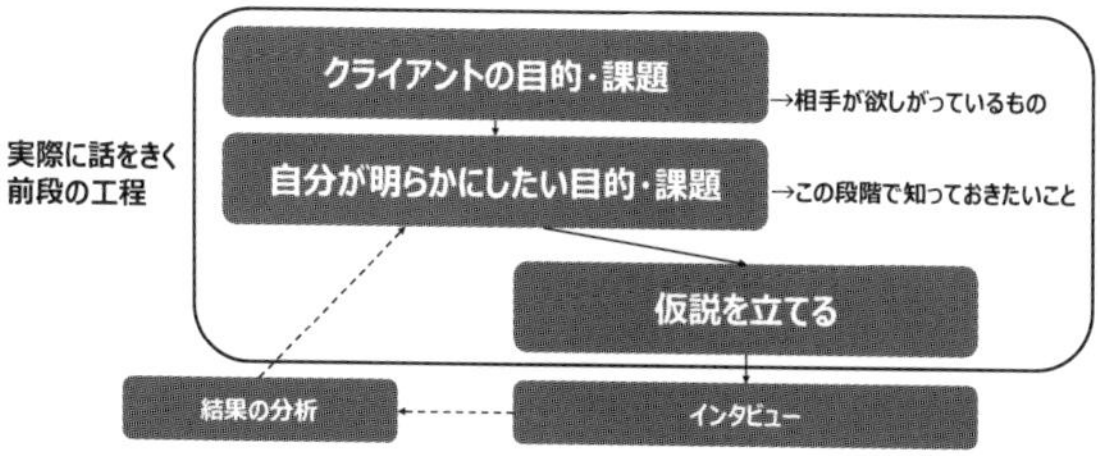

調査目的とほぼ同じ内容です。

山登りに例えると、「山の頂上に上りたい」がマーケティングの目的だとして、「目の前にある川を渡らなきゃ、渡る方法を見つけなきゃ」がマーケティング課題・調査目的です。

そして、調査目的を細分化し、目的にたどり着くためには何を明らかにすることが必要なのか明記したのが調査課題です。先ほどの例だと、調査課題は「目の前の川の状況を知る」「自分たちの装備や体力を確認する」などになります。

この考え方をヒアリングの場面に汎用化します。

マーケティング目的・課題は、つまり「相手が欲しがっているもの」、調査目的・課題は「自分がこの段階で知っておきたいこと」になります（図表21）。

ヒアリングにおいても目的が大事

今回のヒアリングの「目的、ゴールは何だろうか？」目的を意識したうえでヒアリングに臨んでいますか。後述するファシリテーションのスキルでも目的、ゴールの大切さはお伝えしますが、普段のヒアリングでもゴールを意識しておくことは大切です。

顧客との打合せのとき、そもそもこの打合せは「何のためのものなんだろうか」「何を決めること、知ることが目的なんだろうか」「何がわかれば終了といえるのだろうか」を考えます。

集団での会議のほうがイメージはしやすいかもしれませんが、1対1の打合せでも、相手が社外の場合でも社内の場合でもこの目的は存在します。

苦情をいってきた顧客とのやり取りであれば、顧客に納得してもらい、感情を落ち着かせてもらうことがゴールかもしれません。もう辞めたいんですといってきた部下とのやり取りであれば、もう少し頑張ろうという気持ちになってもらうことがゴールかもしれません。

このゴールがわからずに話を始めてしまうと、この時間は何のための時間だったんだろうとなりがちです。目的、ゴールがないということは基本的にはありえません。とりあえず話をきいて欲しいというときも話をきくことで気持ちを落ち着かせることがゴールです。

「仮説」の重要性

仮説を立てておくことも重要です。仮説とは、ある現状や事象についての仮定や予測を指します。確定的な証拠は得られていなくても、「もしかしたらこうなんではないか」という仮説を立てることで、道筋が考えやすくなります。

ホームページのリニューアルをしたいという問い合わせがあったとします。クライアントのホームページにはこういう課題があるのではないか、競合他社のホームページはユーザーとして見たときにこんな点が優れているがこんな点に課題がありそうなど仮説を立てておけると、ヒアリングに行ったときにより突っ込んだ話ができますし、話の糸口にもつながります。

仮説はたくさん立てておくことが大切です。仮説や疑問の多さは質問の引き出しの多さにもつながります。

ホームページ評価のインタビューを行うとします。その場合は、例えば次のような仮説・疑問を考えます。

・ブランドカラーの緑が多用されているが、温かみを感じるもののインパクトが少なく印象に残らないのでは？

・1ページの情報量が多い印象。なぜだろう？

・ホームページの構造がわかりにくい。どの情報がどこにあるのかわからない

・競合のホームページはイラストなども使っている。あまりイラストを使っていないように見えるのは意図があるのか？

仮説や疑問を複数持っておくと、「緑を使うことで狙っている効果は？」「個人的には1ページの情報量が多い印象を受けたのですが…」「どこに情報があるのかわからない、といった課題はありそうですか？」「イラストを多用している企業さんもあるようですが、そのあたりのお考えをきかせていただきたい」など、いろいろな質問が考えられます。仮説を立てるというと、「自分の勝手な思い込みを相手にぶつけてよいのですか」という質問を受けることがあります。逆の立場で考えてみてください。自分なりに考えたうえで質問してくれる相手がいたら、「自分や自分の会社のことを前もって考えてくれたんだ」と嬉しくなると思います。

4 「目的」「仮説」を考える視点

目的を考えるときの視点

ヒアリングの目的を具体的に設定するためのヒントを挙げておきます。目的には、大項目と小項目があります。

まずは大項目として、打合せが終わった後の理想の状態を設定します。例えば、「顧客が現在抱えている課題を把握し、次の提案のヒントとする材料が集まっている」など。そこから、そのためには何を知っておくことが必要かを考えます。「現在ホームページに抱えている課題を把握する」「どういったホームページにしていきたいかを把握する」といった小項目が必要になります。

今回のヒアリングで「何がわかれば次につなげそうか、そのためには何を押さえておくことが必要か」を考えます。具体的にホームページに対するフィードバックを既に受け取っているのであればそれをきかせて欲しい、改善案があるのであればそれをきかせて欲しいと粒度は気にせず、明らかにしたいことを挙げるのでもよいでしょう。具体的に今後の提案のために押さえておきたいデータを知りたいのであれば、現状のホームページのアクセス数を知りたいなど具体的に何の数値を知りたいのかということも考えておきます。

繰り返しになりますが、小項目については粒度を気にする必要はありません。細かすぎるなと思ったら後でまとめることもできます。
細かいことでも思いついたら、メモをしておきましょう。

仮説を考えるときの視点

仮説を考えるときには、できるだけ多くの視点・視野・視座で考えることが必要です。

・自分が顧客だったら（顧客の会社の社員だったら、顧客のターゲットである利用者だったら）どうだろうか？
・現在の業界や社会の情勢と絡めて考えたらどうだろうか？
・過去の顧客企業のデータから見たらどうだろうか？
・顧客のホームページやSNSの内容から考えたらどうだろうか？
・似たようなビジネスモデルを持つ他業界で参考になるような事例はないだろうか？

顧客自体のこと、顧客が所属する業界や市場のこと、社会情勢やトレンドなど、視点はいくらでもあります。仮説に関してはすべてを網羅することは不可能で、尽きるということもありません。

実際の実務の中では、どれだけ時間や労力をかけるかとのトレードオフの部分もあります。目的、ゴールの設定は必須ですが、仮説に関してはあったほうがよいが、これだけに一生懸命になる必要はないくらいで捉えておいてください。

仮説を考えている過程で、もしこういう話が出たらこれを提案できるかも、と自社のソリューションで有望そうなものが浮かんだらそれも仮説です。その流れになったときに提示できるよう、用意しておくことも重要です。

5　ヒアリング準備チェックリスト

準備段階でやっておくべきこと

ヒアリングは、相手が顧客であれ部下であれ、相手のニーズや要望を理解し、その情報を元に次のステップを考えていくための重要なステップです。ヒアリングの準備段階でやっておくべき要素を整理してみました。

①事前情報収集：基本的な情報を収集します。

顧客の場合は、顧客の業界や市場に対する情報、顧客に対する情報になります。マーケティングの３ＣやＳＷＯＴ、ＳＴＰを参考に情報を収集しましょう。欠けている情報をヒアリングで聴取しようと思うときくべきことが明確になります。

部下との面談の場合、例えば評価面談の場合は、他の人からの評判をきいておく、部下が最近関わった仕事の情報があれば覗いてみるなどもよいでしょう。事前に知っておいたほうがよいことはないかを確認し、もし本人に事前に用意してもらえるよい情報があったら依頼します。

②ゴールの設定：ヒアリングの目的や期待される成果を明確にします。

どのような情報を得たいのか、どのような課題に焦点を当てるのか、自分の頭の中で整理します。

今回の打合せは相手との距離を縮め、相手のことを理解することが目的というときの話し合いと、次のステップに進むことを決意してもらうことが目的というときの話し合いでは様相や進め方が変わってきます。

ヒアリングのゴールや期待される成果については、当日のミーティング中に目に触れる場所にメモなどに記しておくことが重要です。話を進めていて質問や展開に困ったときに、このゴールに向かおうと意識して質問を考えることができます。

③きくべき質問のリスト：ヒアリング中に使える質問のリストを作成します。

基本はオープン質問を使って、相手に深く話してもらえるよう心がけます。つくった質問リストのすべてをきくことが目的ではありません。必要に応じて取捨選択が必要ですし、流れに応じて質問を追加することもあります。リストに囚われる必要はありませんが、リストがあることでヒアリングの抜けモレを避けることはできます。

リストをつくるときには、仮説が役に立ちます。ある程度の予測をしておくことで、具体的で効果的な質問ができます。相手に自分のことを真剣に考えてくれているという印象を与えることになり、信頼感を築くためのアプローチとしても有効です。ただし、ヒアリング中は相手の反応を見ながら進めることが第一です。間違ってもリストにばかり向き合って、相手の顔や反応を見ていなかったということがないようにしてください。

ヒアリング当日のチェックリスト

当日、これからヒアリング、というときに準備ができているかを確認するリストを考えてみました。

＜決めておく・考えておくこと＞

□　打合せの目的、ゴールは設定したか
□　打合せ全体の時間と時間配分は検討したか
□　事前の下調べは行ったか
□　必要なデータや資料の有無は確認したか
□　質問のリスト（手元メモでＯＫ）は作成したか
□　打合せ中は相手の話をしっかり傾聴しようという気持ちになれているか

＜持ち物・準備物＞

□　質問リスト
□　相手の意見を書き留めるメモ

□　相手に関する必要な資料やデータ
□　（必要であれば）自社に関する必要な資料やデータ
□　（必要であれば）録音機器

6　事後の振り返りが次回の事前準備

ヒアリング終了後の振り返り

ヒアリングが終了しました。ヒアリングの内容については短時間で構いませんので、振り返りをしておくと次回につなげることができます。

ヒアリングや対話の内容を振り返り、そこから教訓として得らえるポイントを洗い出します。6章で紹介した経験学習の流れです。

次回の打合せがあるときには、相手からの課題や要望を確認し、それに基づいて新たな質問やアプローチを考えることも必要です。

新たな質問やアプローチを考えているうちに浮かんだ、「あれもきいておけばよかった」という反省も次回への学びにつながります。

顧客や対話相手が深く考え、具体的な情報を提供してくれた質問に焦点を当てるなど「どういった質問が有益であったか」振り返ります。この質問の振り返りは質問力を高めることにもなります。

振り返りのフレーム

ＫＰＴという振り返りのフレームを紹介します。

このフレームは業務を振り返り、今後のアクションを考えるために有効です。

それぞれの頭文字が表す３つの要素について振り返ります（図表22）。

Ｋ（Keep）：継続すること
Ｐ（Problem）：改善すること
Ｔ（Try）：新たに挑戦すること

特にルールは定めず、感じたことを書き留めるだけで充分なので、それほど時間もかかりません。

ミーティングや会議のたびに振り返る習慣をつけると、次回の話し合いの質が上がっていくはずです。

【図表 22　振り返りのフレーム（KTP）】

Keep　継続すること

例
- 相手の話を遮ることなく、最後まできいてから質問ができた
- 時間内にミーティングを終了させることができた
- 現状の課題をきくことができた

Problem　改善すること

例
- 提案した資料への反応があまりよくなかった
- 時間を気にする素振りを見せてしまい、相手から突っ込まれた
- 相手が出してきた事例を知らなかったが、詳しくきき返すことが出来なかった

Try　新たに挑戦すること

例
- 今回きいた課題をベースに再度提案資料を作成する
- 提案資料はチームメンバーにも見てもらい、助言をもらう
- ミーティングの進め方を時間の目安と共に考える
- 事例がわからなかった場合は、もし資料があったら送って欲しいとお願いする

・
・
・

この章のまとめ

① アプローチの質を上げるには事前準備が必要。
何も知らないと何をきいてよいのかもわからない。今は情報収集がしやすい時代。事前にヒアリングの目的を設定しておくと迷走しない。事前の情報収集で相手の理解を深めておくと、ヒアリング当日も効率的な情報収集ができる。事前に準備しておくことは相手に対しての誠実な対応であり、信頼関係にもつながる。

② 目的・仮説を持ってヒアリングに臨もう。
いかなる話し合いにも目的はあり、ゴールを意識して進めることは重要。話をする前に仮説を考えておく。仮説はできるだけ多くの視点・視野・視座で考える。仮説がたくさんあると質問の引き出しが増える。

③ ヒアリング後の振り返りが次回につながる。
KPTのフレームなどで振り返りをする。次回の打合せや今後の関係性の構築のヒントになるだけでなく、どんな質問が有効で、どんな質問が足りなかったのか、自分の学びにもつながり質問力アップの近道。

コラム③：ファシリテーションの勉強会

次章に記述しているファシリテーションですが、私自身、まだまだ勉強中です。マーケティング・リサーチではインタビューをした後、その結果を持ち寄って関係者で考えるワークショップを行うことがあります。そのときにワークショップのプログラムを考え、司会、進行を行うのがファシリテーターです。

元々は、ファシリテーターだった先輩が辞めてしまい、その仕事が回ってきたので、どちらかというとしょうがなく学び始めたファシリテーションですが、学び始めてみると、ワークショップだけでなく、会社の会議の話し合いや仲間との対話にも使えるということで、奥深く、面白く、そこから学び続けています。

そして、教えてもらうだけでなく、学ぶ機会を提供したいと２０１７年から「ファシリテーションをはじめよう」という勉強会のスタッフとしても活動しています。２０１７年はちょうどテレビ番組「逃げるは恥だが役に立つ」が話題になっていたこともあり、私たちの中では「Fはじ」と呼んでいます。

勉強会で、アイスブレイクや営業のためのファシリテーションを紹介したり、アンコンシャスバイアス×ファシリテーションという話題を取り上げたりしたこともあります。

勉強会という形で何人かの人が集まると、他の人が話していることから気づきがあったり、他の人に自分の意見を伝えたりするなかで気づきがあります。

ファシリテーションのテーマは幅が広く、ここにもファシリテーションがとか、こんなこともファシリテーションなんだと思うことが多々です。この様々な気づきから奥深さを知って学び続けている気がします。ちなみに、「ファシリテーションをはじめよう」では、これまでにこんな勉強会を開催してきました。
・アイスブレイク1000本ノック　・ファシリテーター基本のき
・場のデザインのスキル　・対人関係のスキル　・構造化のスキル　・合意形成のスキル
・ファシリテーションで勝つ～転職・再就職の面接できくファリシテーションスキル
・ファシリテーションで営業力アップ～仕事が向こうからやってくるファリシテーションスキル
その他、ファシリテーショングラフィックの勉強会にも定期的に参加しています。これまたなかなか奥深く、上達せず上手な人のグラフィックを見てはすごいなぁと思っている感じですが、書くことの重要性を感じているからこそ、今後も取り組んでいきたいと思っています。ファシリテーショングラフィックも、ファシリテーションも、上達のためには場数が大事です。練習の機会を自分でつくることが重要という点は質問とも似ている気がします。

第8章　チームに向けての「質問力」
～ファシリテーション

1　ファシリテーションが求められる背景

ファシリテーションとは

ファシリテーションときいて、みなさんは何を思い浮かべますか。会議の進行や、打合せの司会のような役割を思い浮かべる人も多いのではないでしょうか。狭義の意味ではそのような役割を指すことが多いですが、広義の意味では様々な場面で使われています。

ファシリテーションとは、チームに伴走しメンバーの力を最大限に活かす仕掛け、スキルです。そして、ファシリテーションを担う人のことをファシリテーターと呼びます。広義の意味で活用するときには、ファシリテーターは進行や司会のように会議を進めるだけではなく、チームに寄り添い、チームの活動が上手くいくようにメンバーの力を最大限に引き出し、チームのパフォーマンスを最大化する役割を担います。チームの中で中立を保ち、メンバー全員に均等に意見を聴き、メンバー全員が納得する第三案を紡ぎだすというのが、大きな役割になります。

会社などでファシリテーションを行う場合はファシリテーターを担いつつ、チームのメンバーでもあることが多いので、1人のメンバーとして、意見やアイデアを出しながら進めることもあります。そのようなときでも自分の意見やアイデアに引っ張られることなく、全員の意見やアイデアを平等に扱い、チームにとっての最適解を出す仕掛けをすることが重要になります。

「早く行きたければ1人で行け、遠くへ行きたければみんなで行け」
if you want to go fast, go alone; if you want to go far, go together

アフリカのことわざですが、ただ、みんなが集まっただけで遠くまで（よりよい場所）行けるわけではないのがチーム活動をするときの悩ましいところです。チームが上手く機能しないと１人で行くよりも近いところしか行けないこともあるかもしれません。１人ひとりの力を最大限に引き出し、協働する関係を育みより遠くのよい場所へ行くことを促進するのが、ファシリテーション。そして、それを担うのが、ファシリテーターです。

ファシリテーションを上手く使うと、メンバーから意見やアイデアがたくさん湧き出てきます。意見やアイデアが自然にまとまり、メンバーそれぞれの行動を促し、１人ひとりの行動に自然につながる。そして、メンバーが主体的に行動し、自身で能動的に活動することにより、チームの成果を最大限に勝ち取ることに結びつきます。

ファシリテーションが必要とされるのは

ではなぜ、そんなファシリテーションが必要とされているのでしょうか。１つの要因としては、時代背景があります。ひと昔前であれば終身雇用の会社も多く、一度就職してしまえば、何十年も同じメンバーで過ごすという人も多かったはずです。そうであれば、上司はメンバーの個性や性格を時間をかけて把握し、自分のチームにあった活動方法を考え行動することで、成果を生み出すことができていました。現在は、同じ会社で働き続ける人も減り、多様な考えを持つ人や働き方も様々な体系ができ、日々目まぐるしく変化する中でいろいろなことに対応をすることが多くなっています。

また、働き方だけではなくグローバル化により、様々な人種の方と一緒に仕事を進めるという場面も増えています。同じメンバーで何十年もずっと一緒に活動をしていれば阿吽の呼吸で、お互いが理解している中でいわなくてもわかるなんてこともあったかもしれません。多様で変化が速い世の中で活動を上手く進めていくには、ファシリテーションという技法を上手く使い、メンバーの考えていることや背景を聴き、スムーズにことが運ぶように舵取りをすることが必要になっています。仕事に対する考え方が変わり、成果を出さないといけないスピードが年々早くなっているということも要因の1つです。

2　ファシリテーションのスキル

アイスブレイク

アイスブレイクとは、文字のどおり「氷を壊す」。参加者の不安や緊張を氷に例え、その「硬い氷をこわす、溶かす」という意味を持っています。

会議やワークショップを始めるときには、アイスブレイクを行うことで、参加者の心をやわらかくし、和やかな雰囲気づくりをします。初対面の場面に限らず、会議などの場で議論が活発になる手助けや、議論が停滞したときなどに場をほぐしてくれる効果もあります。

スポーツにおける柔軟体操のようなもので、話し合うきっかけをつくるちょっとした準備運動と捉えるとわかりやすいです。とくに初対面の人同士が出会ったとき、その緊張をときほぐすための手法として活用できます。集まった人を和ませ、コミュニケーションを取りやすい雰囲気をつくり、そこに集まった人々に目的の達成に積極的に関わってもらえるように働きかける技術です。

自己紹介をしたり、簡単なゲームをしたりすることが多く、いくつかのグループワークやゲームの活動時間全体を指すこともあります。「コミュニティービルディング（community building）」や「アイスブレイキング（ice breaking）」とも呼ばれています。

ここでは、おすすめのアイスブレイクを３つ紹介します。

①鰺鯖鱸ゲーム

カードを使ったアイスブレイクです。研修やワークショップなどの冒頭に5分程度で行い、自分以外のメンバーが自分の引いたカードが同じカードなのか、違うカードなのかを当てます。配るカードの枚数により、仲間はずれを当てるゲームにしたり、仲間を探すゲームにしたりと使い方は様々です。冒頭に使うことで、メンバーが口を開きリラックスすることができ、その後のグループワークに臨みやすくなります。会社で行うときは、チームが集合したときや新しいプロジェクトを始めるときに行うと、メンバー同士の対話を促進し、チーム内での話がしやすくなる効果があります。

②都道府県トーク

対話型のアイスブレイクです。研修やワークショップなどの冒頭に10分程度で行います。自分が引いたカードにどこの都道府県名が書かれているかをメンバーに当てさせるゲームです。質問力、説明力や人が持っているイメージの違いに気づくことができます。メンバーの視点を変えたいときや、視野を広げる効果があります。冒頭に使うことで、メンバーが口を開き、リラックスすることができ、その後のグループワークに臨みやすくなります。メンバーの地域的な背景などに

【図表23　カードを使ったアイスブレイク】

よっては意外な一面を知ることができてチームビルディングの形成にも役立ちます。

①②はカードを使ったアイスブレイクになります。カードを使ったゲーム自体はトランプ、かるたなどみんながどこかでやったことがあるからか、盛り上がります（図表23）。

③バースデーライン

ゲーム性の高いアイスブレイクです。研修やワークショップなどの冒頭に10分程度で行います。

参加者ができるだけ早く、誕生日順に一列に並ぶことを目指します。例えば先頭を1月1日として、そこから後ろに向かって誕生日順に並びます。難易度と参加者同士の交流を図るために、一列になるときに、声を出さずゼスチャーだけで並ぶなどの条件を付けることもあります。このゲームには勝ち負けはないので、正確にはゲームともいえないかもしれません。実施するときには、参加者に実施する必然を生むような問いを考えるとより楽しく行うことができます。例えば、誕生日以外に各メンバーの情報をいくつか入手するとか、共通点を探すなど、いろいろな質問を考えるきっかけにもなります。

列が完成したからといって、そこで安心してはいけません。この答え合わせが実はこのゲームの目的。1人ずつ誕生日と名前（ニックネーム可）、入手した情報など一言で自己紹介をしてもらいます。もう一言はその時の研修やワークショップのテーマに合ったものを用意します。例えば「最近行った旅行先」と決めたら全員がそれで自己紹介をします。それで列が誕生日順に並んでいたら全員で拍手！　このゲームのいいところは、あくまでも誕生「日」であること。誕生「年」はききません。自己紹介のもう一言もできるだけライトな質問にして軽くて楽しい自己紹介を演出します。難易度を変えることもできるのがこのバースデーラインです。子どもが多い場などでしたら、難易度を下げます。大人だけの場ならば、難易度を上げるために制限を設けて、ジェスチャーだけでやってみます。空気だけを読んで列になれるのか？　一度試してみてください。

※ https://sites.google.com/view/facilitationhajimeyo/（勉強会：ファシリテーションをはじめよう）

OARR（オール）

ファシリテーションを進めるにあたって、事前に明確にしておくと効果的に議論を進めるための4つの項目があります。その頭文字をとって、ＯＡＲＲ（オール）と呼ばれています。

Outcome（アウトカム）成果：目標、ゴール
Agenda（アジェンダ）進行：スケジュール、進行内容
Role（ロール）役割：ファシリテーターの役割、参加者の役割
Rule（ルール）規則：参加ルール、進行上のルール

① Outcome（アウトカム）

目標やゴール・成果を明確にして共有し、話し合いを進めることで議論の脱線を防ぎ、参加者が

迷走することなく議論に参加できます。会社の会議などでは決まっている、全員認識している、当たり前として共有しないことも多いかもしれません。しかし、明示してメンバーに確認してみると結構ずれていたりします。一度試しに共有してから議論を始めてみてください。共有してから議論を進めることで、会議や議論の時間短縮効果もあります。

◆共有の仕方例

・掲示タイプ：冒頭にホワイトボードに明示する。
・宣言タイプ：ファシテーターが口頭で今日の会議は●●です、と発言する。
・資料タイプ：配布資料の冒頭に記載しておく。

②Agenda（アジェンダ）

話し合う内容を明確にして共有してから会議を始めると参加者が安心して議論することができます。その日にどれだけの議論をしないといけないかを把握することができ、どの議題にどれぐらい時間をかけて議論するか、どの内容に集中しないといけないかなど、効率的に進める情報を参加者同士で確認することができます。また、内容を報告系、議論系など分類して議論を始めると何を話すか参加者同士のずれをなくす効果もあります。

◆共有の仕方例

・掲示タイプ：アウトカムの共有の後にホワイトボードに明示する。

・宣言タイプ：ファシテーターが口頭で今日の議題は●●です、と確認する。
・資料タイプ：配布資料に記載しておく。

③ Role（ロール）

ロールときいてピンとくるでしょうか。ロールとは役割のことです。役割ときいて真っ先に思い付くのはファシテーターかもしれませんが、それ以外にも役割はあります。ファシテーターも大事なのですが、それ以外の役割を決めて、参加者に共有することで会議への取り組みが変わります。

例えば、タイムキーパーという役割を決めるだけでも、その参加者は議題に対する時間を意識するようになるし、その時間を参加者同士で共有することで時間を全員で管理できるようになります。

また、ファシリテーターは時間管理のタスクがなくなり、より議会の進行に集中できます。

参加者というロールについてもあえて、「あなたは参加者です」と明確にすることで、参加度合いが変化します。

◆共有の仕方例

・掲示タイプ：メンバーに確認しながら、ホワイトボードなどに明示する。
・宣言タイプ：ファシテーターは「私が務めます」と言った後に「皆さんは参加者です。積極的な参加をお願いします」と確認する。
・資料タイプ：参加者を記載しておく。

④ Rule（ルール）

ワークショップなどでは、ルールを設定して場を開くことは多いのではないでしょうか。しかし、会社の会議や打合せでは、ルールを設定して始めることは少ないかもしれません。会議の困ったちゃんでよく出てくる「1人で話過ぎる人」はどこの場でもいます。そんなときには1人の発言時間は1分でまとめるとか全員が発言するなどのルールを決めておくと、ファシテーターが話過ぎる人に「ルールなので」と話を止めやすくなります。実施する会議の状況にあったルールを設定するようにしましょう。

◆共有の仕方例

・掲示タイプ：ルールを書いて掲示しておき、確認して始める。
・宣言タイプ：冒頭に今日の会議は●●なルールで進めますので、みなさんよろしくお願いします。
・資料タイプ：アウトカムの中に入れてしまう。

ＯＡＲＲの４つを明確にすると、参加者1人ひとりが議題について、どのように考えるべきか、なにを発言すべきかを理解し、その議題やその場に関わることができるようになり、議論が活発になります。会議の進行がスムーズになり、効率的に議論をすることもできます。よくおこる脱線がなくなり、時間を有効的に使うことができます。その結果、より深い議論になり、話し合い効果を感じることができます。

見える化

見える化とは、議論を書きながら進めることです。
百聞は一見に如かずということわざもありますが、人は情報を得るとき視覚的に得たほうが圧倒的に理解を深めることができます。

人が受け取る情報のうち、8割は視覚からの情報ともいわれています。理解を深めるだけではなく、会議を進めるときに言葉だけのやり取りのみで進めるより、書きながら進めると圧倒的に効率的・効果的に会議が進みます。

見える化するスキルにファシリテーショングラフィックというものがあります。

ファシリテーショングラフィックは、打合せや会議で参加メンバーの意見や頭の中で考えていることをその場で可視化をするスキルです。

ちょっと難しくいっていますが、簡単にいうと板書です。

会議室にあるホワイトボードに議論を書きながら会議を進めましょう！　ということです。議論を書きながら会議

【図表 24　見える化の効果】

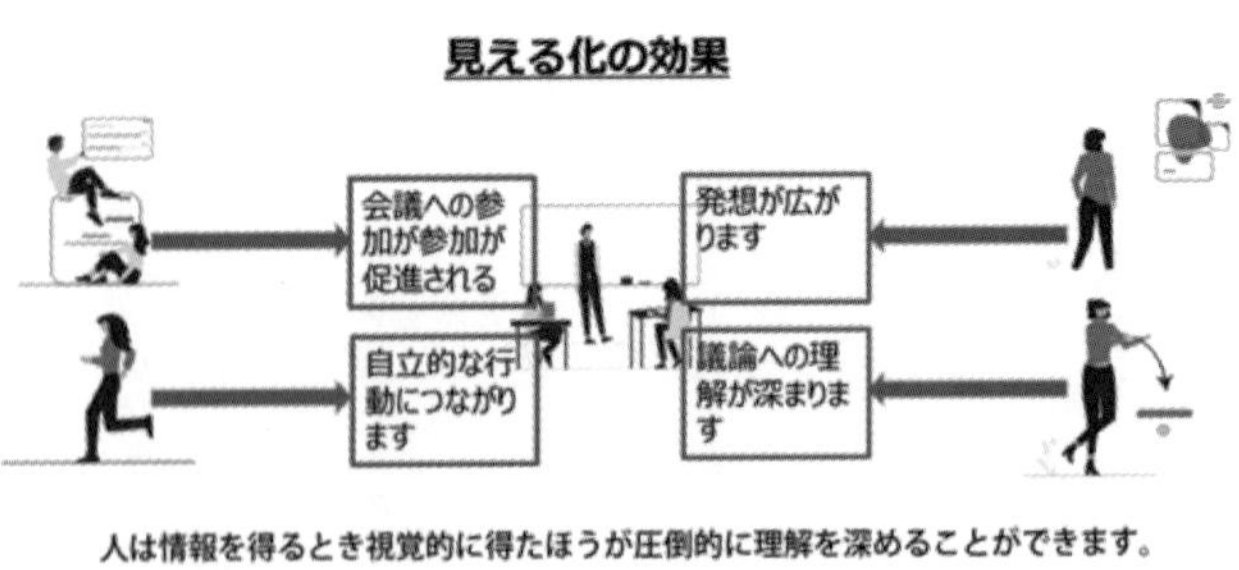
見える化の効果
会議への参加が参加が促進される
自立的な行動につながります
発想が広がります
議論への理解が深まります
人は情報を得るとき視覚的に得たほうが圧倒的に理解を深めることができます。

を進め、そこで書いたものを参加者に示し確認しながら進めると、議論がずれることを回避する効果があります。

ホワイトボードがない会議室などではＡ３用紙やＡ４用紙でよいので、書きながら進めることをやってみましょう。ホワイトボードに書くのと同じ効果があります。議論を書くことの効能、効果の具体例を４つ挙げます。

・メンバーの会議への参加が促進されます。発言した意見をホワイトボードに書くことで意見を受け止めてもらえたという安心感を与え、会議へのモチベーションＵＰにつながります。

・議論への理解が深まります。今、何を話しているか、視覚的に捉えることで迷子にならず、議論について、理解がしやすくなります。

・発想が広がります。書かれている意見を見ながら、議論をすることで、参加者自身の発想が広がり、アイデアを膨らませることができます。

・行動につながります。自分が出した発言やアイデアは次のアクションにつながります。自分が出した発言やアイデアが採用されないとしても自分の発言やアイデアが一度土俵にのっているだけで、行動につながる確率が上がります（図表24）。

会議を円滑に進めるための見える化４つの element（screw）

Screw とは segment（分類）、color（色分け）、relationship（関係性）、word（キーワード）の

頭文字を取っています。

最初はリアルタイムで書くだけでも大変なので、とにかく書きましょう。議論を書き取ることに少しなれてきたら、議論を構造的に整理しながら書くことを意識します。議論を広げたり、深めたりすることができ、よりよい議論になります。書かれたものを後から見返したときにもどんな話し合いをしたのか、わかりやすくなります。

そのときのファーストステップとして大切なのは、分類です。まずは分類しながら、書くことを意識します。出てきた意見やアイデアを羅列して書いてあるだけだと人は認識をすることに苦労します。情報を認識できる情報量としては3～4個が限界です。出てきたたくさんの情報を整理して3～4個に分類すると理解しやすくなり議論もわかりやすく進みます。

分類をした後の次のステップは、色分けです。意見やアイデア、結論を色分けして書きます。

議論が見やすくなることで内容がわかりやすくなり、理解が進みます。ルールを決めて色分けすることで、さらに理解のスピードが上がり、話し合いが効率的に進みます。書くスピードが追い付かないときは、2種類か3種類でもよいので、色分けをしてみましょう。例えば結論は目立つ色の「赤」で書き、アイデアは「青」、まとめは「茶」など3色程度から挑戦してみましょう。人の記憶の中で色による情報は記憶に残りやすいので、後から思い出すときのインディックスになり、思い出しやすくなります。

3つ目のステップは関係性を表現します。出てきた意見の関係性やつながりを矢印などで表現します。そうすることで、議論がわかりやすくなります。最後はキーワードを印象づけるために、囲い込みや装飾で目立つようにします。

書きながら、色に変化をつけるのはなかなか難しいですが、後から下線や囲い込みなどの装飾を薄い色（例えば黄色）などで書くだけでも大きく変わります。

下線や囲い込みをすることでその意見やアイデアは目立つようになりますし、注目が集まります。

時間がたってから見返しても、どんな議論だったのか、欠席した人にもわかりやすくなります。

ファシリテーショングラフィックを活用し、何を話すのか、議論の目的や目標を明示して、何を話しているか現在地を見ながら参加者が議論することで、参加者同士が議論を広げた

【図表 25　見える化の４つの element（要素）】

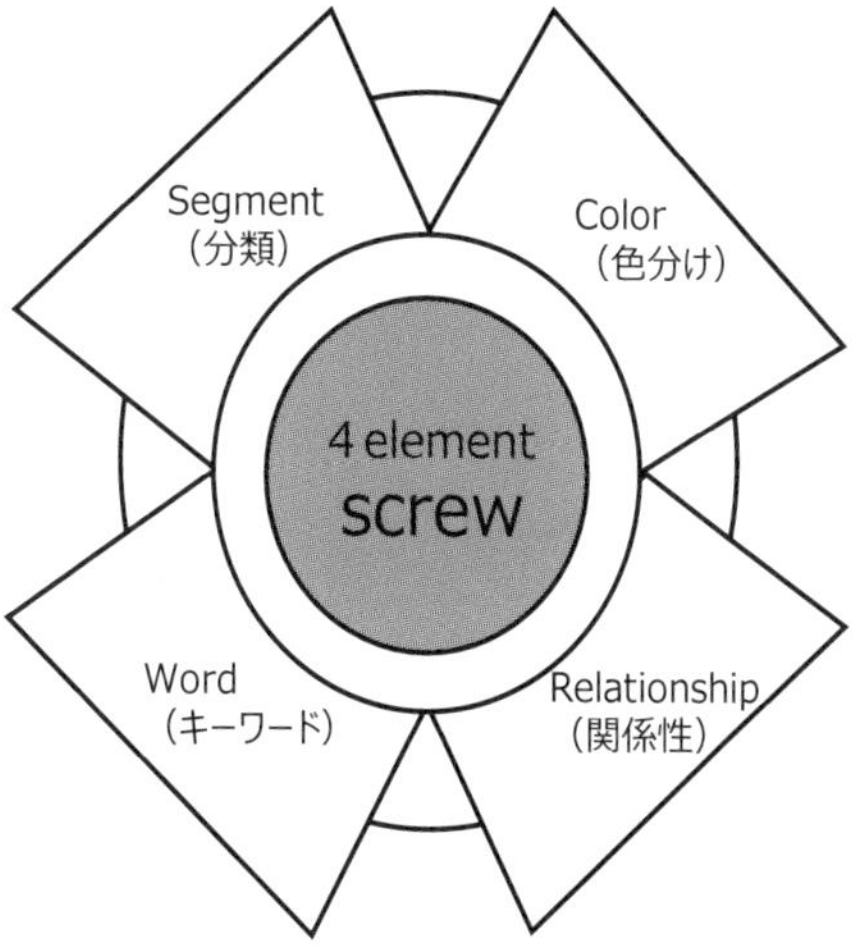

り、深めたりすることができるようになります。

解決策や結論を参加者自身で見つけることができ、参加者のやる気が引き出され、主体性が増し、議論後のアクションや行動につながりやすくなります。議論の流れ、意見やアイデアはできるかぎり漏らさず書くことで参加者の承認につなげます。

可視化するポイントは、話した内容やアイデアをしばらくたってからでも確認できるように書くことです。よりよい書き方は参加できなかった人が後からみても伝わるように書くことです。上手く書くのではなく、参加者に理解してもらうことを目指します（図表25）。

見える化の11の効果

・見える化すると目的、目標が明確になる
・見える化すると現在地がわかる
・見える化すると話し合いが広がる
・見える化すると議論が深まる
・見える化すると解決策を見つけることができる
・見える化するとやる気が引き出される
・見える化すると主体性が増す
・見える化すると行動できる

・見える化するとアクションにつながる
・見える化すると、話しのズレがなくなる
・見える化すると、考える時間が増える

見える化するときの簡単ポイント

文字を書くときには漢字を大きめ、平仮名、カタカナは小さめに書いてメリハリをつけるとバランスがよくなります。議論の内容や場の雰囲気にも左右されますが適度に図解やイラストを入れることで、伝える情報をわかりやすくします。

書く内容は最終的なアイデアや意見だけではなく、議論のプロセスも書いておくと後から見返したときに議論の状況を思い出せます。

欠席した人がいた場合でも議論に追いつくことが容易にできるようになります。

水性マーカーで書く機会が多い人はペンの

【図表 26　ファシリテーショングラフィック　サンプル】

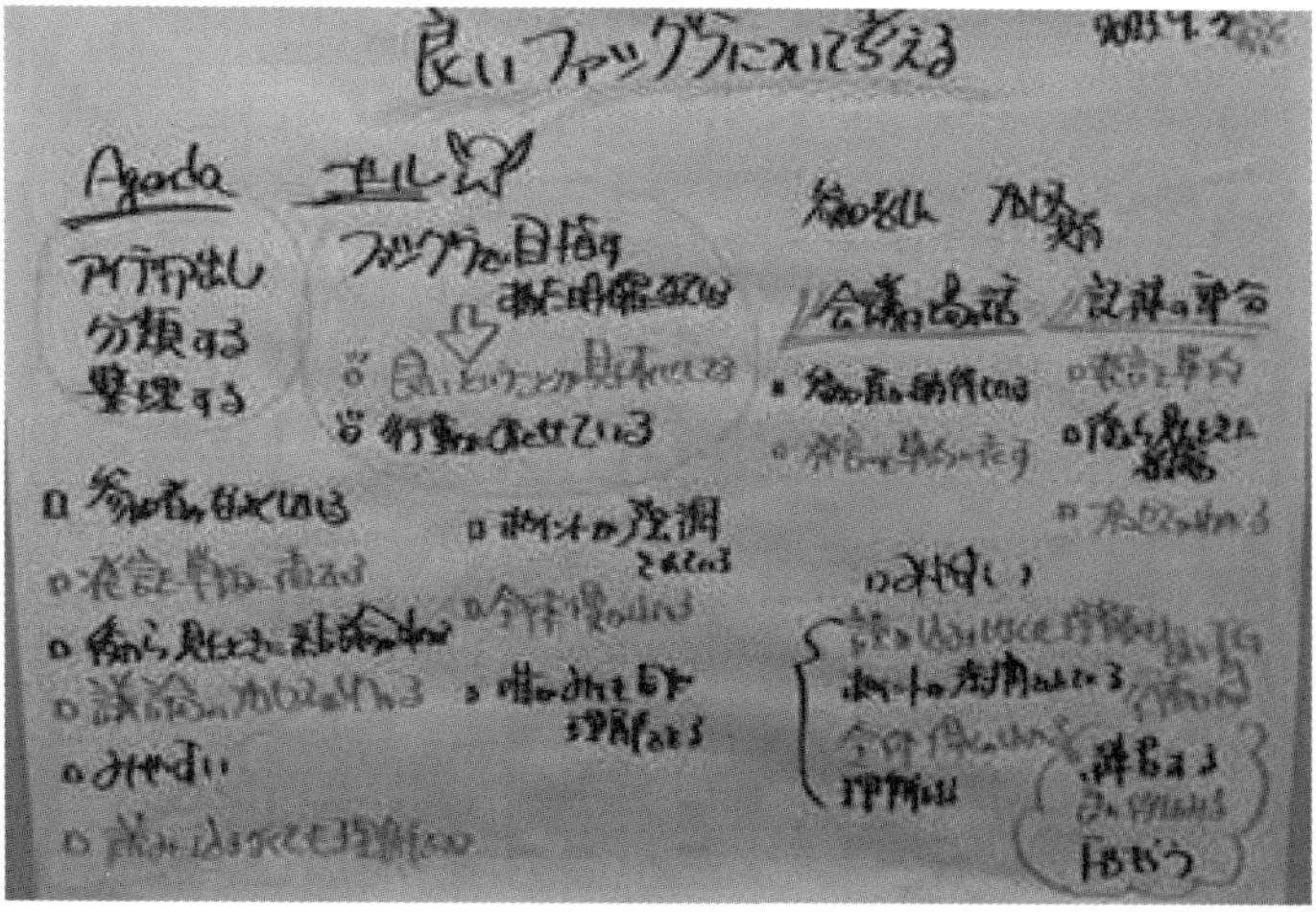

持ち方も少し意識しましょう。それだけで、抜群に見やすい字が書けるようになります。

（※ペンの持ち方動画⇒http://fb.me/BmVetvn）

ファシリテーショングラフィックのイメージを示しておきます（図表26）。

3　ファシリテーターの役割

ファシリテーターとは

ファシリテーターは、ファシリテーションがある場を中心となって担う人です。会議や打合せなど限定した場だけではなく、2人以上の人が集まって行う活動を促進することがファシリテーターの役割です（図表27）。

ファシリテーターの役割は、会議の司会進行だけではありません。ファシリテーターの役割ときいて、どんな役割を思いつきましたか？　司会や進行が真っ先に浮かんだのではないでしょうか。当然、司会的な内容や進行

【図表27 ファシリテーターがいる場】

ファシテーターがファシリテーションを上手く使うと			
場から意見を	出てきた意見を	決定事項を	決まった事で
集める	まとめる	決める	人を動かす
ではなく			
場から意見は	出てきた意見は	決定事項は	決まったことは
集まる	まとまる	決まる	人が動く

的な内容もファシリテーターの役割の１つです。

しかしそれだけでは、片手落ちになってしまいます。限られた時間で行う会議では、タイムキーパーという役割もあります。

参加しているメンバーの時間は有限で費用が発生しています。待ち時間や欠席者がいたことによる議論のやり直しなどは時間と費用が無駄になります。普段から、時間に対してシビアに取り組むことで、目に見えない無駄が発生することを防止します。

当日以外の役割についても少し触れておきましょう。進行も重要な役割ですが、会議はその前から始まっています。準備８割なんて言葉があるとか、ないとか。準備を進めておくことで、会議の当日の負担を大きく減らすことが可能になりますので、しっかり準備にも力を入れましょう。

会議におけるファシリテーターの関わり方の全体像

会議全体像、デザインの話です。ＯＡＲＲの共有の必要性をファシリテーションのスキルのところで伝えましたが、会議をデザインするうえでもＯＡＲＲは大切なスキルになります。もちろん、この４つをふまえた準備をして会議を進めるだけでも会議は上手くいきます。さらに会議を進めていくときには、ＯＡＲＲにもう１つＰ（Purpose/意義）を加えて、会議のＲＡＰＯＲ（会議のラポール）つまりRapport buildingをファシリテーターが考えて臨みましょう。

会社で会議をしていると「なぜ、この会議を行うのか」という疑問を持たずに会議をしていることともあるかもしれません。会議を開催している側には、「情報を共有する」「会議を行ったことを報告する・報告してほしい」など、会議を開く目的が存在しています。会議を開くときに参加者に対して、その会議はどんな目的で開催するかを明確にするだけでも、参加者の参加の度合いは上がります。

他の4つの要素にｐ（意義）を合わせることで、会議に対してラポールが形成され、より濃密な時間を過ごすことができます。

また、話し合いはプロセス（流れ）を考えながら進めることも大事です。流れを意識して進めることで話し合いがスムーズに進みます。

まず、前提を共有して参加者同士の議題に対する情報の格差を無くします。そして意見やアイデアを発散します。このフェーズではアイデアや意見を出すことだけに集中します。そうすることでたくさんの意見やアイデア、発言が出てきやすくなります。

次に、出てきた意見やアイデア、発言を分類したり、整理したりして、議論を収束に向かうようにします。最後に参加者全員で行動に移せる合意案を形成するようにします（図表28）。

【図表 28　話し合いのプロセス】

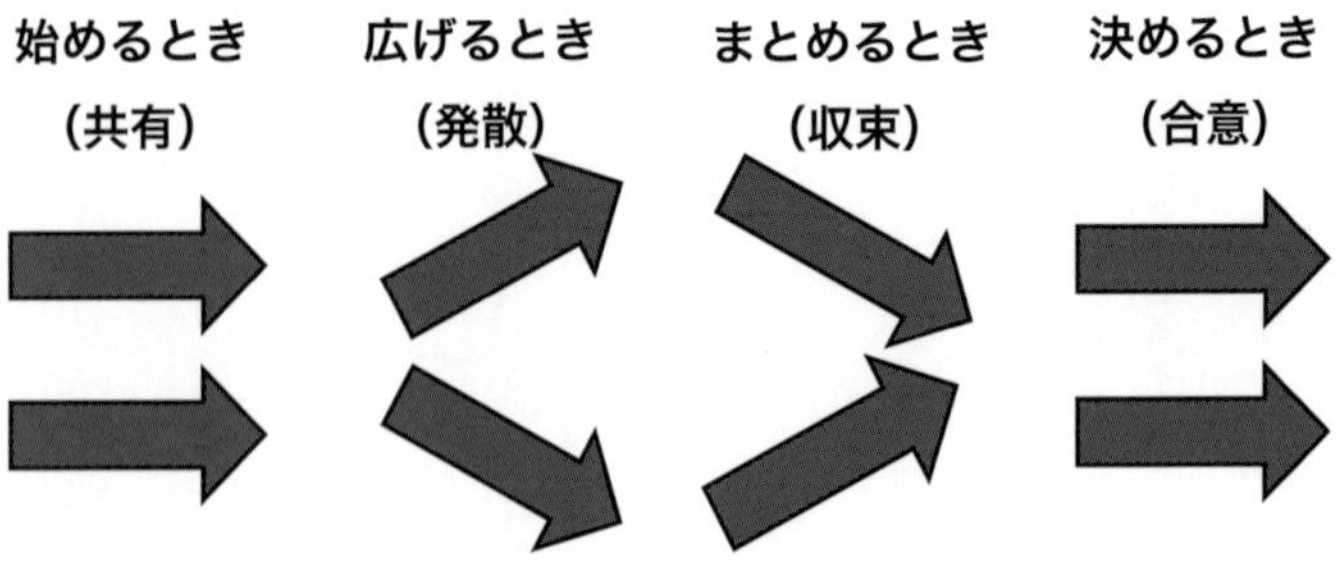

4　ファシリテーターのＮＧ振る舞い・ＯＫ振る舞い

ＮＧ振る舞い／①議論を引っ張る

ファシリテーターが前に立っている場合が多いので、気を付けておかないとファシリテーターが議論を引っ張ってしまうケースがよく発生します。

一概に悪いとはいえないかもしれませんが、引っ張ってしまうと参加者に予定調和だと思われたり、最初から答えが決まっていたのかと誤解をされ、せっかく議論をしたのにその後の行動やアクションにつながらず話しただけになることが往々にしてあります。

意見があるときは最後に、一参加者の意見ということを前提に発言します。

ただし、がっつり意見を言いたくなるような議題であれば、ファシリテーターとしての役割を他の人にお願いするのも1つの手段です。

ＮＧ振る舞い／②話過ぎる

人は人の話をきくよりも話すほうが楽しい生き物です。前に立っているだけで話す機会は多くなるので、話し始めたらついつい気づかないうちに話過ぎてしまいます。マインドとしては、話さないと考えているぐらいでちょうどよい発話量になります。

進行をしていてメンバーが話さないと不安になって矢継ぎ早にいろいろきいてしまいます。話さないのではなく、問いかけられた内容を考えることに時間を要していることもあります。
沈黙も大事と捉えて、参加者からの発話を待つようにしましょう。

NG振る舞い／③腕組みをする

腕組みは相手を拒絶する動作で、時に威圧感を与えます。考え事をしていると人は無意識に腕組みをしてしまいます。会社やいろいろな場で腕組みをしている人を見かけることって結構ありますよね。腕組みは、自己防衛しガードする気持ちの典型的な表れです。ついしてしまいそうになったら、組もうとした手のどちらかを前に出すなどして止めるようにします。

OK振る舞い／①意見やアイデア、発言を平等に扱う

出てきた意見やアイデアを平等に扱います。会社で起こりがちなのは、役職が上位の人や社長の意見やアイデア、発言ばかりが採用されてしまうことです。そうしていると発言をしても仕方ないとなり、意見やアイデアを出さなくなります。声の大きな人も注意です。声量が大きいといつの間にか流されて採用されてしまうことがあります。

平等に扱うためにも、参加者全員から意見やアイデアを引き出します。発言を受け止めてもらうと人は承認されたと感じ、自分の存在意義を感じることができます。せっかく会議や打合せに時間をさいて参加しているので、全員に発言の機会を与えます。モチベーションアップにつながり、主体性が上がります。多様な意見やアイデアから議論することができるようになり、よりよい案を検討することが可能になります。

ＯＫ振る舞い／②動じない

場は生ものなので、何が起こるかわかりません。インストラクションどおりに参加者がワークをしないかもしれませんし、想定とはかけ離れた結果をまねくかもしれません。会議であっても議論が進まないことや、まったくアイデアが出ないこともあります。そんなときでもファシリテーターは動じることなく、場をしっかりと観察しましょう。

必要であれば質問をし直すこともあるかもしれませんが、慌てて問い直してはダメです。考えるのに時間がかかっているだけかもしれません。参加者がその場で何かを生み出すまで、じっくりと待つ勇気が必要です。

ＯＫ振る舞い／③笑顔

人は怒っている状態と笑顔な状態どちらのほうが話しやすいかといえば、もちろん圧倒的に笑顔です。会議の最中は、ずっと笑顔を絶やさない。意識して笑顔を継続していると場が思いのほか進みます。最初は難しいかもしれませんが、その場合は意識してつくり笑いをつくります。それでもよいかと思います。つくり笑いも無理やりでもやり続ければ体に染みついてきて、いつの間にか意識しないで笑顔を継続することができるようになります。

5　メンバーの参加を促進する質問

参加者の心をほぐす質問

会議や打合せなどの場に臨むとき、人は緊張をするものです。特に知らない人がいたらなおさらです。どのような場でも最初にスタートするときは、運動する前の準備運動のように参加者の緊張をほぐすためのアイスブレイクを取り入れます。場が凍らず、上手く進みます。

ただし、よくワークショップなどでやるゲームのようなものは慣れていない人には返って緊張感を生んだり、会社の会議では導入しづらかったりします。簡単にできるアイスブレイクや参加者に気づかれない程度のアイスブレイク質問を紹介します。

＜ほぐし質問＞

簡単なものを5つ紹介します。

・全員一言、話してから始めませんか？

・今日は天気いいですね？

・今日は暑い（寒い）ですね？
・最近どうですか？
・最近忙しいですか？

このような感じで、なんでもいいので質問を参加者へ投げかけて、参加者に応えてもらいます。それだけでも参加者の緊張はほぐれます。一番やりやすい方法としては、会議室に少し早めに行き一番最初に入ります。そしてメンバーを向かい入れてほぐし質問を投げかけます。そうすると、少し空気が変わることを体験できると思います。まずはやってみましょう。

＜チェックイン質問＞

「チェックイン」とは場に最初に臨むときに参加者全員に一言ずつ発言してもらうことです。よく使うチェックインのテーマを５つ紹介します。

・今の気持ちを一言で？
・参加の目的は？
・最近のよいニュースは？
・気になっていることは？
・近況は？

初めての人が集まった場であれば、自己紹介したあとに一言話してもらうのもよいかもしれません。パーソナルな情報が少しわかることでその後の会議やワークショップでの関係性によい効果が出てきます。チェックインは、参加者同士がつながりを築き、共通の目的や関心事を共有することができます。

もう1つ、テーマ例を紹介します。「木戸に立ちかけし衣食住」です。「木戸に立ちかけし衣食住」とは、どんな人でも話しやすいテーマの頭文字を取った文章です。

これは11個のテーマを意味しています。それぞれについて紹介します。


「き」 気候（天気） 「最近、暑くなってきましたね」「この間、雪が降りましたね」

「ど」 道楽（趣味） 「趣味は何ですか？」「最近ハマっていることは何？」

「に」 ニュース 「最近●●なニュースが気になっていて」「あのニュース見ました？」

「た」 旅の話 「先日、温泉に行ってきまして…」「行ってみたいところはありますか？」

「ち」 知人の話 「面白い知人の話」「幼馴染について」

「か」 家族の話 「兄弟っていますか」「子どもについて」

「け」 健康の話 「自身の健康について」「最近の健康法は？」

「し」 仕事（活動） 「お仕事は何をしていますか？」「最近○○な活動をしていて」

「衣」 ファッション 「好きな洋服は？」「好きなスタイルは？」

「食」 食べ物 「好きな食べ物は？」「今日のお昼ごはんは？」

「住」　住まい　　「どちらに住んでいますか？」「どんな家に住んでいますか？」

情報の引き出しすぎに注意しながら、メンバーのいろいろな話を聴いてみましょう。また、こんなフレームがあるとゲームのようになり話題に困らず、メンバーの思いもよらない話が聴けるかもしれません。

＜ワンワード＞

その日のテーマについてのメンバーの理解度や認知度を確認・共有しながら、メンバー全員が口を開いてから会議に入ることで発言のハードルを下げる効果を狙う目的があります。

進め方はテーマをファシリテーターが告げ、参加者がそのテーマについて1つの単語を連想する。それを参加者が1人ひとり、紙（Ａ４用紙）に書く。全員が書けたら、各自がその単語となぜその単語を選んだか、理由も含めて紹介・説明する。次の人は前の人の単語を読み上げつつ、自分の単語の紹介・説明をする。

例えば、テーマが温泉であれば、「今日の会議は新しい温泉施設を提案するアイデア出しの会議です。会議を始める前に皆さんにちょっと今日のテーマの温泉についてきいてみたいと思います。温泉ときいて思い浮かぶ、単語って何ですか」といった質問をして、それぞれが思っている温泉のイメージを確認・共有していきます。

参加者同士の歩調を合わせる質問

参加者はいろいろなことを考えています。これは常識だと思っていても、実際は違うこともあります。ファシリテーターは合っているかもしれないと思っても参加者に具体的に確認しましょう。ゴールはわかっていると思っても確認し、そこに向かうことを再認識すると間違いがなく進むことができます。アジェンダは不足がないかを確認しましょう。アジェンダの内容は報告なのか、議論なのか、参加者自身に確認してもらいます。ゴールとアジェンダを共有した後は、ルールについても確認の質問をしましょう。

〈歩調を合わせる質問〉

・今日のアジェンダは何ですか
・何時まで議論をしますか
・何かルールを設定しますか

〈アジェンダを整理する質問〉

・今日、かならずやる議題はどれですか
・今日のゴールはどこに設定しますか
・このアジェンダは議論ですか、報告ですか

〈ルールを設定する質問〉

・発言は1分以内で完結に発言しましょう

・否定禁止にしましょう
・全員１つは意見を出しましょう

６　メンバーの思考を広げる質問

多様な方向に思考を広げる「６ハット法」

思考法６ハット法とは、白・赤・黒・黄・緑・青の６つの色の帽子に例えて、それぞれに違った思考の方向性を考える発想法です。帽子を被っている間はその色に決められた視点で考えます。６つの視点で考えることで、多角的にテーマを捉えることができるようになり、アイデアを生みやすくします。帽子は参加者全員が同じ色のものを被り、同じベクトルで考えていきます。

視点が違うことから起こる批判や衝突をなくし、参加者の知恵を合わせて建設的に進めることが可能になります。

【図表29　６ハット法の進め方】

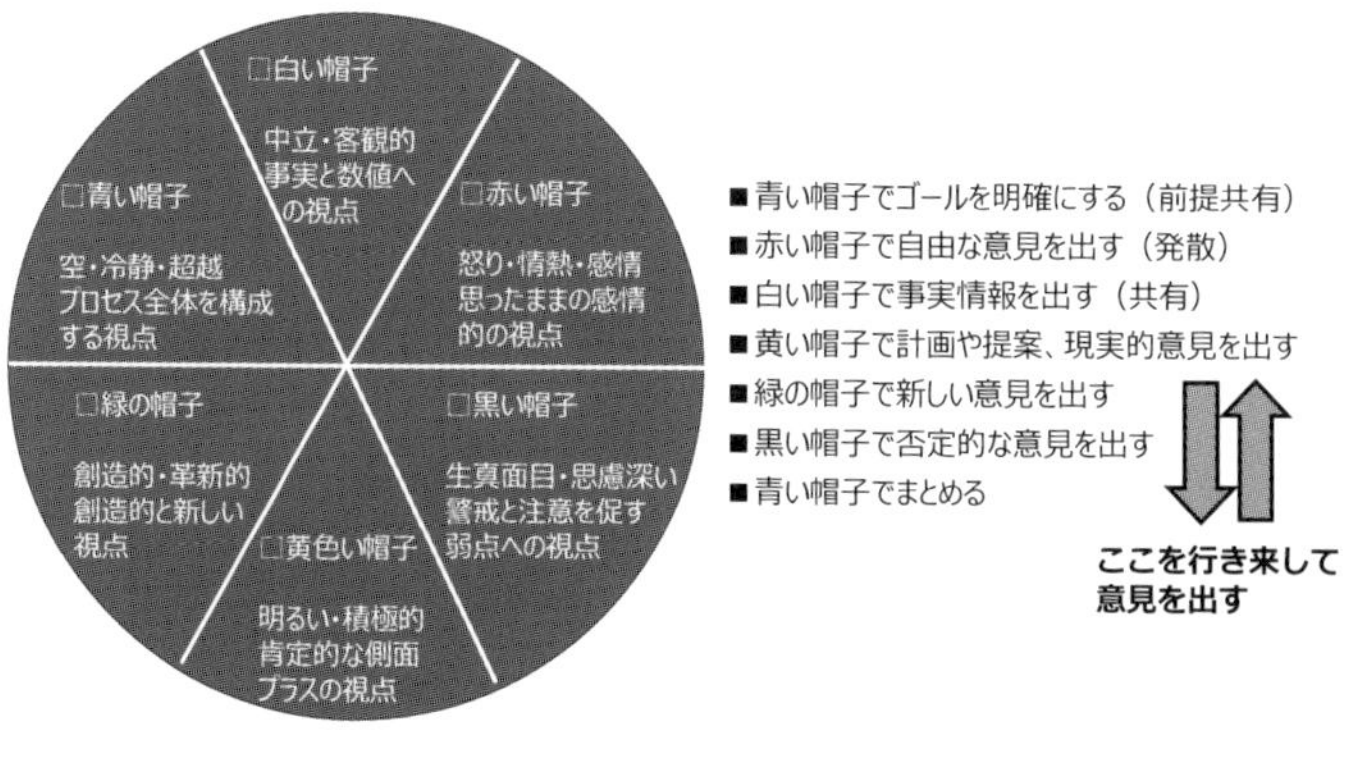

白：客観的・中立的視点。具体的な数字などのデータやファクトに基づく偏りのない情報（仮説や提案を含まない客観的な事実）を議論します。判断や意見は出さずに進めます。

赤：直感的・主観的に考えます。直感でどのように感じるか、本能的な思考です。感覚的な好き嫌いでも可です。正当化や説明は不要になります。

黒：否定的・悲観的です。論理的な矛盾、リスクや懸念点、失敗しそうな障壁・障害など問題点を洗い出す思考。ネガティブな感情論はレッドハットに含まれます。

黄：肯定的・楽観的プラス思考、利点や相容れやすいポイント、よいところや利益や価値をどう実現するかを考える思考です。

緑：創造的・革新的な思考です。考えのおもむくままに新しいアイデアや代替案を探求する思考。

青：プロセス管理、俯瞰・統括する思考です。次に何をすべきか、アジェンダや思考プロセスの管理、アウトプットを見定めたうえでプロセスに対する提案、メタ認知する思考です。自分達のリーダーやプロセスの背後にいる人の視点から考えて結果をまとめましょう（図表29）。

チームでのリフレーミング

第4章で1対1の対話のときのリフレーミングの効用については記述しましたので、ここではチームの場合のリフレーミングのやり方を紹介します。メンバーの中で賛成・反対という意見の対立があった場合、まずは、賛成・反対いずれの立場の場合も、全員で賛成意見について議論し、その後に全員で反対意見について議論するプロセスを経ることで、メンバー個人が持っていたフレームを壊し、思いもよらないアイデアを生むことができます。

7 「質問力」をチームに広げる

心理的安全性のある場

「質問力」をチームに広げるには、上司とメンバーやメンバー同士の信頼関係が重要になります。信頼関係がない場では安心して質問をすることができず、質問力を広げることにはつながりません。日常的に質問ができる環境を創るには上司とメンバーやメンバー同士の間に日々、信頼貯金を貯めていきどのような質問でも問いかけてみようと思える関係性が必要です。

「心理的安全性」という言葉を聞いたことはありますか。「心理的安全性」がある場（職場）では、各メンバーが自分のポテンシャルを発揮でき、チーム（組織）の力を最大化することができます。

どのような質問が「心理的安全性」を創るのでしょうか。人の流動も少なく終身雇用の会社が多い時代では長い年月をかけた信頼関係の構築で心理的安全性を創り活動することができました。しかし、流動性が高い時代に移行されつつある今では、短時間で何でもいってよい雰囲気や遠慮なく話せる雰囲気を創るために普段からメンバーへ質問をして、メンバーがどう考えているか、どのような価値観の人なのかを理解し、コミュニケーションを増やし、信頼関係を創る信頼貯金を貯めていきましょう。

また、年功序列ではなく、成果主義のような働き方が増えているので経験年数に依存せず意見がいえる、関係性を認め合い価値観の相違を受容し合うような風通しのよい場を創ることを心がける必要があります。そこにも質問を活用することができます。意見が否定されない、尊重されているというのも信頼貯金が貯まっているとメンバーは安心して質問に対して答えてくれるようになります。

そんな心理的安全性が担保されている場であれば、自分だけが頑張ることなく、お互いに質問をし合って状況を確認し、わからないことがあったらきいてみることで、メンバーをどんどん巻き込んだり巻き込まれてたりします。相乗効果が生まれ、よい場を構築していくことができます。

チームが活性化し、能動的かつ主体性のあるチームになる

質問力をチームのみんなが持つということは、参加者全員がファシリテーターシップ（＊出典220頁参照）を持ち、能動的かつ主体的な行動ができるということです。

「ファシリテーターシップとはどういうことか？」近い言葉にリーダーシップ（leadership）という言葉があります。リーダーシップは、「統率力」のことで「組織やチームを率いる能力」を意味します。目標を設定して組織やチームを目標の方向へ導いていく能力のことです。船を動かす船長をイメージしてみます。船長は船の行き先を決めて、その方向へ船を動かす。船員たちを統率し

て船を目的地へ動かしていきます。

その他に近い言葉としてメンバーシップ（membership）があります。メンバーシップとは、組織やチームを構成するメンバーの１人ひとりが、それぞれに与えられた役割を果たすことによって、組織やチーム全体への貢献をすること。船を動かす場合は船員たちがお互いに協力します。

機関部門であれば、エンジンを動かし、甲板部であれば、安全な航海を管理しそれぞれの役割を果たし船を目的地へ動かしていきます。

フォロワーシップ（followership）という言葉もあります。フォロワーシップとは、組織やチームを構成するフォロワー（組織やチームを率いるリーダーのもとで業務を遂行するメンバー）が、組織やチームまたはリーダーのために主体的に考えて行動することを意味します。

メンバーシップと比較するとより積極的に支援することを意味しています。

具体的には、リーダーと異なる意見を持った際に正確に

【図表30　ファシリテーターシップ】

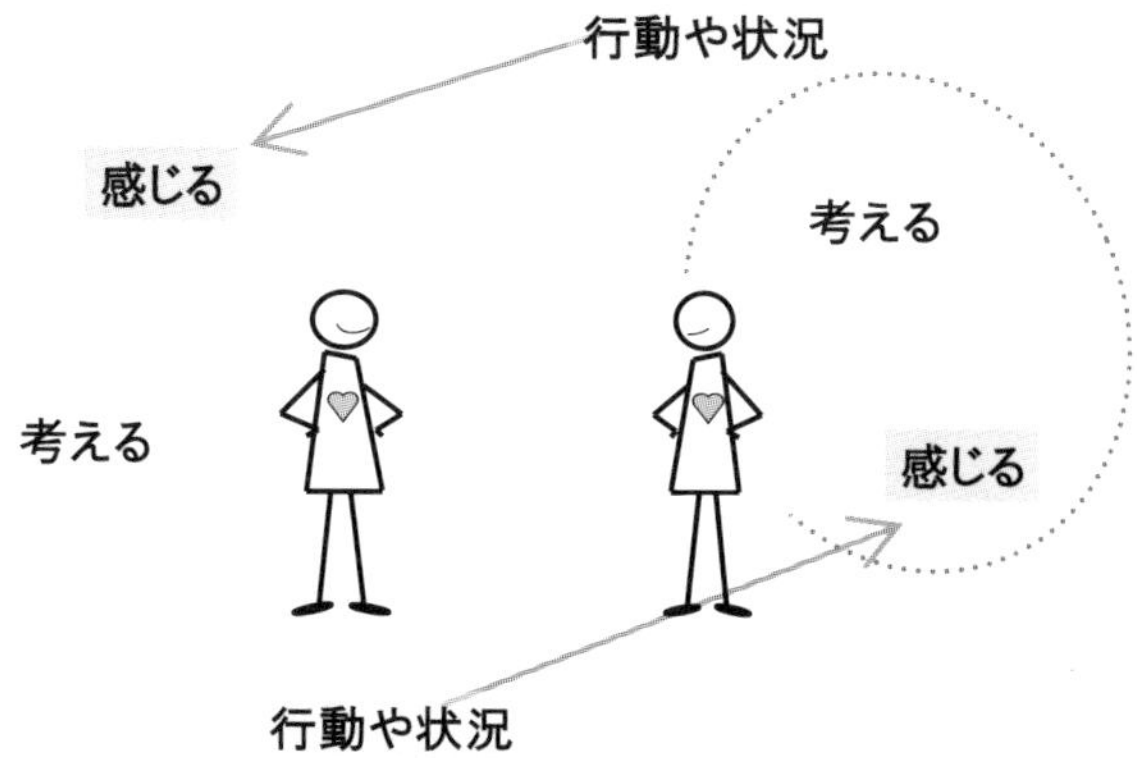

伝えて議論を促す、仕事を積極的に引き受けるなど自身のポジションでできる積極的な行動を表わしています。

では、ファシリテーターシップとはどういうことでしょうか。リーダーシップとメンバーシップとフォロワーシップを足して3で割ったような感覚で、参加者全員が会議のプロセス面の提案や支援をしたり、全員がファシリテーションを意識したりしながら会議や話し合いを進めていきます。

全員が、まんべんなく人の話を聴いている、他者に安心感を与えている、ムードメーカーである、結論は参加者同士で決めている、臨機応変に努めている状態で、参加者全員の意見を尊重しています。結果として、行動につながる結論が出やすい集団となっています。

チームで質問力を発揮できるのは、ファシリテーターだけではありません。チームの中でも、ファシリテータシップを発揮して、参加者として活動を促進する質問を投げかける、参加者として感じていることを口に出して質問してみる、といったことでも場は活性化され、質問の力が広がっていくはずです（図表30）。

＊ファシリテーターシップとはファシリテーター（参加者も含む）としての状態・身分・職・任期・技量・手腕。英語の接尾辞 -ship は、名詞につけて、状態・身分・職・任期・技量・手腕などを示す名詞をつくる。

＊出典：「ファシリテーション入門」〈第2版〉 堀 公俊 著　日本経済新聞出版　60頁

この章のまとめ

①　チームの成果を最大限にするファシリテーションの力。
1人ひとりの力を最大限に引き出し、協働関係を育むのがファシリテーションであり、それを中心になって行う人がファシリテーター。そのスキルには、アイスブレイク、OARR、見える化といったものがある。

②　チームメンバーに対して質問力を使って関わる。
メンバーの参加を促進する、心をほぐす、歩調を合わせる、思考を広げるなど、チームに対して使える質問もある。また「心理的安全性」に留意することで普段から関係性を醸成し、信頼貯金を全員で貯蓄して質問がしやすい風通しのよい環境を創り、質問を気兼ねなく、活用できるようにしよう。

③　質問で能動的かつ主体性のあるチームをつくる。
リーダーシップ、フォロアーシップ、メンバーシップを場面や役割で上手く活用する。質問力をチームのみんなが持ち、参加者全員がファシリテーターシップを持って進んでいこう。

あとがき

出版コーディネーターの佐藤さんから出版をしてみませんか、とご連絡をいただいたのが8月でした。正直未だになぜ私に声をかけていただいたのかはわかっていませんが、元々出版には興味があったこともあり、是非お願いしますとお答えしました。

そこからセルバ出版の森社長を紹介していただき、とんとん拍子に出版に至りました。とんとん拍子過ぎて、ホテルにこもって原稿を書くなんてこともしてしまいました。

このあとがきを書くのは原稿を書いているときのモチベーションの1つでした。感謝を伝えたい人がたくさんいます。

ここまでたどり着くことができたのは、まず1番にはパートナーのおかげです。内容にアドバイスをくれただけでなく、精神的にも支えてくれました。ありがとう。もちろん、初めての出版にも関わらず、機会をいただいた佐藤さん、須賀さん、セルバ出版の森社長ありがとうございます。

マーケティング・リサーチ・インタビューでたくさんの経験を積ませてくださった株式会社ジャパン・マーケティング・エージェンシーの皆さま、JMRAの先輩方、ファシリテーションの勉強会を一緒に企画してきた「ファシリテーションをはじめよう」の皆さまありがとうございます。NLPの知識や研修の知識もこの本を書くうえで欠かせないことでした。NLPの先生方・仲間、研修の先生方ありがとうございます。両親と3人の子ども、本書を書く半年前に生まれた孫の存在は、私が仕事を続けていくうえでの原動力です。これからもよろしくお願いします。

個人的なことを書いてしまいましたが、私の原動力の1つは「質問の力ってすごい」ということです。大学生で結婚、出産をし、新卒から長い社会人生活を歩んできましたが、その中で子どもがいるかいないか、子育てに注力したいか、仕事を大切にしたいか、男性か女性かなど立場が違うことで起こるいくつかの軋轢を見てきました。ただ、その軋轢、ちゃんと話をすれば相互に理解ができる部分があるのではないかと私は信じています。質問の力で、あらゆる人がお互いを理解し合えるような世の中であって欲しい、そんな願いの中、今後も質問の力を伝えていきたいと思っています。

ＮＬＰの前提の言葉にこういった言葉があります。「失敗はない、フィードバックがあるだけ」。「あれ、ちょっと違ったかな？」と思ったら言い替えることができる、それも質問のよさだと思います。是非、質問をたくさん使って、自分にとってのよい質問を見つけていってください。

本書を手に取ってくださった皆さまに、心より感謝いたします。

吉田聖美

著者略歴

吉田　聖美（よしだ　きよみ）

マーケティング・リサーチ業界で20年以上定性調査のモデレーター・インタビュアーに従事。様々な商品・サービスの調査・クライアントに携わる。年間500名、延べ人数1万人以上の話をきき、「質問」の重要性と共に「課題・目的に沿ってプランニングする」重要性を実感。

2016年「言葉を結う、人をつなぐ」をコンセプトに合同会社「ことゆい」設立。勉強会「ファシリテーションをはじめよう」に参画。モデレーター、ファシリテーター、研修講師としての活動に加え、マネージャー業務も委託しており、現在も部下のマネジメントの現場に携わっている。
プライベートでは、大学生で長女を出産。3人の子供がおり、45歳で孫にも恵まれる。好きなことは、旅（出張も含む）とおいしいお酒。最近は島旅行やキャンピングカーでのキャンプにもはまっている。

合同会社ことゆい　代表社員
- NLPマスタープラクティショナーコース修了
- 一般財団法人日本教育推進財団認定目標達成トレーニングトレーニング・スペシャリスト
- 日本ファシリテーション協会会員
- 問活パートナー

問いかけの極意　顧客のニーズや部下のモチベーションを引き出す質問力

2024年1月19日　初版発行

著　者　吉田　聖美　© Kiyomi Yoshida
発行人　森　　忠順
発行所　株式会社 セルバ出版
〒113-0034
東京都文京区湯島1丁目12番6号 高関ビル5B
☎03（5812）1178　FAX 03（5812）1188
https://seluba.co.jp/
発　売　株式会社 三省堂書店／創英社
〒101-0051
東京都千代田区神田神保町1丁目1番地
☎03（3291）2295　FAX 03（3292）7687

印刷・製本　株式会社 丸井工文社

Printed in JAPAN
ISBN978-4-86367-868-2